U0582331

怎么卖客户才会买

刘峰睿　著

中国原子能出版社

图书在版编目（ＣＩＰ）数据

怎么卖客户才会买 / 刘峰睿著． -- 北京 ： 中国原子能出版社，2020.9
ISBN 978-7-5221-0838-4

Ⅰ．①怎… Ⅱ．①刘… Ⅲ．①市场心理学 Ⅳ.①F713.55

中国版本图书馆CIP数据核字（2020）第166768号

怎么卖客户才会买

出版发行	中国原子能出版社（北京市海淀区阜成路43号　　100048）
责任编辑	左浚茹
装帧设计	胡椒设计
责任印制	潘玉玲
印　　刷	北京时捷印刷有限公司
经　　销	全国新华书店
开　　本	787mm×1092 mm　　1/16
印　　张	14
字　　数	172千字
版　　次	2020年9月第1版　　2020年9月第1次印刷
书　　号	ISBN 978-7-5221-0838-4　　定　价　49.80元

网址：http://www.aep.com.cn　　E-mail：atomep123@126.com
版权所有 侵权必究

序　言
INTRODUCTION

身为销售人，对"卖点"这个概念不会陌生，卖点其实就是产品的优势和特点、企业文化品牌、文化价值等，销售员通常会以"卖点"去销售产品，但是有时候这种方法并不奏效，客户接收到你的"卖点"之后仍然无动于衷，这到底是为什么呢？

其实原因很简单，那就是你只是从销售员的角度来看问题，忽略了从客户的角度去考虑产品的"买点"。

所谓的"买点"就是客户能够从你的产品中获得什么。比如你的产品能够给客户省钱吗？能够给客户提升销量吗？能够让客户出行更快吗？这些"买点"实际上就是客户想听销售员所说的话。

营销大师戈德曼说："营销的秘密不是别的，是我们不在销售'产品'，而在销售'利益'。"这句话的意思是：销售员要想把产品成功地卖出去，准确地说就是要满足消费者的"买点"。

俗话说："没人想要一把四分之一英寸的电钻，他们要的是一个四分之一英寸的洞。"与其一味地向客户去宣传你产品的卖点，倒不如去研究客户的买点到底是什么，然后把"买点"说给客户听，从而激发客户的购买欲望，毫不犹豫地掏出腰包来购买你的产品。

从产品"卖点"到顾客"买点"，你只需要改变已有的以产品先入为主的思维习惯，站在客户的角度，掌握客户思维，从卖产品向替顾客买产品转变。只有真正懂得顾客的心理，了解他们的顾虑、担心和愿望，契合他们的利益点，才能赢得顾客，占领市场。

说客户想说，急客户所急，以客户为导向，抓住客户的"买点"，通俗地讲，就是把你想卖的，说成客户想买的，这就是本书的主要内容。

本书特色如下。

1. 销售场景全真展示，强化销售实践能力

本书中，每一章节都精心设置销售场景，为读者还原销售场面，零距离感受销售实践；在销售场景后面设置深入思考模板；帮助读者进行思维发散，甄别场景中销售员的做法是否正确，正确的销售方式是怎样的？而后在销售分析模块中，一一给出方法论。

2. 内容翔实，侧重实践

本书内容翔实，涵盖了销售过程中如何阐述买点的核心内容，是销售员必须掌握的看家本领。本书以"销售场景+销售方法论"搭建起框架结构，实操性强。本书语言简洁精炼，阐述实践方式深入浅出，让读者一看就懂，一学就会。

3. 篇章结构之间衔接到位，令读者一目了然

本书通过案例，将销售场景、经典销售案例与销售术语、销售方法相结合，使案例既来源于生活，又服务于生活。本书一共10章40小节，每一节都对应一个案例及其方法论。本文篇章结构布局合理，内容衔接到位。读者容易看，容易学，能够举一反三，将书中精华运用到销售实践中。

本书读者群体如下。

1. 传统销售员/业务员；

2. 带货网红/电商卖家/网络营销人员；

3. 市场营销的管理者；

4. 市场营销专业大学生；

5. 其他对销售行业感兴趣的人员。

阅读本书后的收获如下。

1. 一套完善的销售体系；

2. 实战性强、拿来就能用的方法论；

3. 全面分析和拆解生活实践的案例。

最后，诚愿本书读者可以拨开销售中的种种迷雾，精准定位买点，巧妙阐述买点，拿下客户，满载而归。

目 录

CONTENTS

第 6 章

第 7 章

第 8 章

第9章

说买点 6：针对异议，把话说到客户心里去

第10章

说买点 7：逆鳞莫触，这些话千万不要说

第 *1* 章

抓住客户 1 个买点，胜过研究 10 个卖点

为什么该说的都说了，客户还是不买账，这是因为销售员没有理解用户背后的思维模式，即没有找到买点。销售员需要找到用户的买点，击中用户的买点，才能一语中的；否则，说得越多，用户越厌烦。

1.1 该说的都说了，为何客户就是不成交

【销售场景】

小王是一名初入职场的销售员，这天小王接到了一个任务，就是将店里的一批新电脑销售给××商业公司。为了帮助销售员小王更快地成长，公司遂派了老王与小王一同前去。销售场景如下。

小王："李总您好，我是××公司的业务员小王，我这次过来是想向您推荐一款新产品。您瞧，就是我手上这台全新一代笔记本电脑。"

客户："它有什么新特征呢？"

小王："它的新特点可多了！它的屏幕可触性更强，厚度更薄，还采用了GeForce RTX移动显卡。"

客户："不错，只可惜这台笔记本电脑的设计有些奇怪，我不是很欣赏，还有颜色也不是我喜欢的，我更喜欢商务蓝。"

小王："怎么会呢？这台电脑的外观设计出自国际著名设计师之手，其外观在市场上一直是好评如潮，怎么会不好看呢？我手上这个颜色，也是卖得最好的，低调而有内涵，再适合您不过了。"

客户："可能萝卜青菜，各有所爱吧！"

小王："李总，您看这台电脑的内核处理器多么强大，您再看这个玻

璃，是灵敏度极高的，您办公时可以像玩手机一样，直接点触屏幕，可以将鼠标扔得远远的。"

客户："嗯。"

小王："这可是全新一代笔记本电脑，贵公司配备这台电脑后，公司智能化程度都会提升不少呢！而且您看，就这么一台电脑，您猜它多少钱？一万都不到！"

这时，一旁沉寂的老王看到客户下意识地摇摇头，连忙出面解围。

老王："李总，您真是有眼光，我们公司这一款蓝色电脑都卖脱销了。刚刚我查询了一下，邻市仓库里还有 20 台，如果您喜欢，我可以一个电话全都留给您。"

客户："那不错嘛。我们公司 8 名财务人员的电脑是该换一换了。不过，我总觉得这款电脑的设计有些奇怪。"

老王："您是说这款电脑的边角处设计得弧度更大了吗？"

客户："是的，总觉得正正方方要好看一些。"

老王："您看，我们这款电脑虽然是超薄款，但是它的重量还是不轻的。因为它将所有的零件都高度压缩，将所有空间高度挤压后，浓缩而成精华。如果边角处设计得过于横平竖直，万一不小心掉地上了，边角处就会瞬间受到巨大压力而碎裂；如果设计得相对平滑，那么边角处着地就能像不倒翁一样，对电脑起到缓冲与保护的作用。"

客户："原来是这样。"

老王："刚刚仓库来电话说，蓝色款的又销了两台。这销量太火爆了！您看这样，我先帮您抢购 5 台，我怕晚了就没有了。当然您有任何不满意都可以退换货，您看成吗？"

客户："那干脆给 8 个财务人员每人都订购一台吧！"

【深入思考】

1. 小王该说的都说了，为何客户就是不成交？

2. 如何找到用户购买的切入点？

【销售分析】

一、为什么小王该说的都说了，客户还是不成交？

经常有销售员抱怨："该说的都说了，为何顾客就是不成交？"

"为什么我向顾客推荐产品时，尽可能详细介绍，产品也是物美价廉，用户还是很抗拒？"

这个问题的答案，其实很简单——销售不是卖，而是和用户一起买。

一个优秀的销售员（比如老王）会高度关心用户的采购需求，会让用户觉得他是得力的采购帮手；一个初级销售员（比如小王）会高度关注产品本身，一遍遍地向用户介绍产品的性能。

两者的差距也是明显的，优秀的销售员会被用户当成他们采购中的一员，认同感上升，抗拒感消除，何愁卖不出产品？而初级销售员一遍遍不厌其烦地介绍，可能用户早就听烦了。

为何两个销售员会有如此大的差距？

主要问题在于初级销售员一直在强调"卖点"，而优秀销售员抓住了"买点"。

没有同质化的产品，只有分不清主次的销售员。

用户购买产品，可能并非看中产品本身，而是看中了产品能够给他带来的价值。只有当产品能够满足用户需求时，才有说服力。

所以，优秀的销售员永远在强调"买点"。

如果销售员不知道用户的买点在哪里，即不知道用户的需求，那么永远不知道自己在卖什么。在销售中，没有两个客户会出于一模一样的动机购买一模一样的东西。用户最终是否会购买产品，很大程度上取决于用户动机。

所以，作为销售员，对用户买点了解得越清晰明了，就越知道如何卖产品。

用户采购的动因就在于用户遇到了各种各样的问题，问题所带来的痛苦是采购的助推力。

销售的逻辑就是出现的令用户感到痛苦的问题，痛苦刺激了需求，需求指向了采购，采购产生了销售。

用户采购的根本目的是想解决所遇见的问题，销售能够提供最有效的解决方案，就能获得用户的认同。

所以归根到底，销售的核心在于把握用户买点。

二、如何找到客户的买点？

那么，销售员应该如何找到客户的买点呢？

简单举个例子，农夫和儿子一起牵牛吃草，回牛棚时，牛却倔强起来，死活也不肯进牛棚。无论父子两人怎么推拉，牛就是纹丝不动，这可急坏了父子俩，该怎么办呢？

这时，农夫的妻子从菜园子里拔了一些青草，一边喂牛吃草，一边引导牛走向牛棚，不费吹灰之力就将牛带进了牛棚。父子俩不约而同地向农妇竖起了拇指。

站在人自己的立场上，机械式地赶牛，牛往往不会按照人的意愿行动。而换一种思维，站在牛的立场上，给牛想要的东西，就能一步步引导牛按照人的意愿行动。

牛关心的是什么？不是庄稼应该什么时候耕种；不是自己丢失了，会给主人带来怎样的损失，而是有没有鲜草与井水供应，主人能不能满足自己的生活所需。如果主人给它想要的东西，它就能乖乖就范；如果主人连最基础的生活都不能保障，它就会与主人置气，不听主人指挥。

农夫赶牛尚且需要懂得牛的心理，作为销售员更是需要明白用户的感受。

总是有朋友问我："我耗费了很多时间与用户沟通，该说的都说了，用户不但不领情，还怪我浪费了她的时间，这是为什么呢？"

原因其实很简单，为什么用户会抱怨，因为销售员不能提供给用户他最关心的东西。当销售员与用户不在同一个频道，即使销售员推销起来口若悬河，也会令用户觉得鸡同鸭讲，对牛弹琴，心生恼怒。

所以作为销售员不要去抱怨用户不愿意倾听、用户总是压价等因素，而需要主动站在用户角度上思考问题。因为用户就像是前文中的牛，关心的永远是自己的利益。永远不要指望用户站在销售员的角度上思考问题，永远别指望用户感同身受。销售员需要主动揣摩用户心中所思所想，用户关心什么，销售员就要为用户提供什么。

在我国沿海一代，从商者居多，商人总是喜欢用"靓女，靓仔"称呼用户，这正是精明之处。精明的生意人做生意时，最先考虑的要素不是如何将产品卖出去，而是如何捕获用户的芳心。如果不能快速找到用户需求，精准定位买点，用户就像是脱钩的鱼儿，一转眼就不见了。

所以，销售产品之前，请先销售思维模式。

（1）用户的买点在哪里；

（2）将买点分解为小目标；

（3）用最小的代价，引导用户逐步实现小目标；

（4）帮助用户实现最终的买点。

人的行动链为"思维—情感—行动",思维是先决条件,思维决定了行动。

比如当销售员推荐产品时,会考虑"什么产品是物美价廉的?""什么产品适用于高端人群,什么产品适用于大众消费者?""销售什么产品所获提成多?销售什么产品所获提成少?"这就是思维模式。

当然用户也有自己的思维模式,比如用户会考虑"这是硬性消费还是可有可无的消费?""性价比是否合理?""产品大概能用多长时间,后续维修保养费用还需要多少?""用了这个产品,能够达到怎样的状态?""这个产品能够为我节省多少人力物力?""使用这个产品需要注意什么?"

作为销售员一定要牢记:我们做推销不能只推销产品,而应该将重点放在用户思维模式,即买点上。销售员如何去理解用户思维模式,如何深度挖掘思维模式背后的买点,决定了用户最终会不会购买。

这就要求营销人员需要懂得研究用户行为背后的思维模式,找到用户买点之所在,然后为用户提供与买点精准对接的服务。

值得一提的是,用户的思维模式是千变万化的,而背后的买点却是相对稳定的。所以销售员找准买点,对于后期客源的维护,都是大有助益的。

所以,为什么该说的都说了,用户还是不买账,这是因为销售员没有理解用户背后的思维模式,即没有找到买点。销售员需要找到用户的买点,击中用户的心理,才能一语中的;否则,说得越多,用户越厌烦。

1.2 销售员要用买点替代卖点

【销售场景】

某个炎热的下午，在北京的某家化妆品门店内，顾客十分稀少。这时，进来了两位女顾客，前场导购员小薇和小丽赶紧迎上去，热情招待。

小薇发现其中的一位客户是经常来店里消费的老顾客静静，于是向前颇为熟稔地打招呼："静静，你好久都没有过来了，都成稀客啦！"小丽虽然没来多久，但也曾听见同事提及过静静是店里的铁杆顾客，于是也向静静热情地打招呼。

静静一看店里的导购员都已经认出自己，并对自己十分热情，觉得十分高兴，于是和小薇聊了起来："哪里有多久，上个月不是才来过吗？"

和静静一起来的女孩看见导购对静静十分热情，于是挽着静静的胳膊笑着说道："哇哦，没想到你都和店里导购小姐姐们这么熟了啊！"

静静听完，赶紧向小薇与小丽说道："这是我的好闺蜜，莉莉。今天的主角是她，因为她想要打扮得漂漂亮亮去见异地的男友，但发现没有什么化妆品，所以今天就请你们好好地给她推荐一些好用的化妆品吧！"

随即小丽开始向莉莉介绍，并推荐了新款气垫BB霜。这会儿店里也没有其他顾客，于是小薇与静静愉快地聊天，并热情地向静静推荐新款眼影，但静静却说："我今天主要是陪莉莉一起来买化妆品的，你们帮她挑就可以了，我的眼影已经多得用不完了，还是下次再来买吧！"小薇却没有因静静的话而放弃，继续和静静聊天，笑声充满了整个门店。

另一边，小丽给莉莉推荐的气垫，并没有获得莉莉的认可。莉莉说自己以前也用气垫BB霜，但是感觉不适合自己。于是小丽又赶紧推荐了一款CC霜和一款轻薄质地的粉底液，说是十分贴服，没有厚重的妆容感。莉莉看了看，也没有试用，感觉兴致缺缺。

这时，店内出现了一个十分有意思的场景。

两个导购，分别服务两个顾客。小丽一直在向莉莉推荐产品，热情地展示产品的卖点，说起来可谓是妙语连珠。但莉莉却是面无表情，保持沉默，似乎没将小丽的推荐当成一回事儿。小丽发现自己的推荐过程变得十分尴尬，只能通过喋喋不休地展示产品来打破尴尬。

而另一边简直是天差地别，小薇和老顾客静静的沟通却十分愉快。她们显然都是比较活泼健谈的人，不论什么话题，都能聊得开，欢声笑语络绎不绝。

明显的反差让小丽与莉莉之间的交流变得更为艰难与尴尬。而莉莉在一片欢声笑语中，感觉自己被冷落。就在另一位导购员苏苏准备提醒小丽与小薇多关注莉莉时，莉莉的手机响了。于是莉莉在接听电话之后，找借口说有事需要她们去处理，就拉着静静离开了。

店内，只留下小薇与小丽相顾无言，不知何故。

【深入思考】

1. 产品"卖点"烂熟于心、信手拈来，可是客户依然不感兴趣？

2. 客户关注的"点"到底是什么？

3. 到底要如何说，客户才会产生购买欲望？

【销售分析】

在我们日常的销售过程中，产品的 FAB 是每个销售员的必修课。大多数销售员入职和新品出来后，都要接受一系列的产品培训。在这些培训中，有一个非常熟悉的术语，叫作"卖点"。对于销售员来说，"卖点"是需要熟记甚至背诵，达到烂熟于心、信手拈来的。

所谓"卖点"，就是产品的 FAB，是指销售员向顾客分析产品优势的方法。针对客户需求意向，进行有选择、有目的的说服。"F"指属性或功效，"A"是优点或优势，"B"是客户利益与价值。

大多数情况下，我们来到商场或是在其他地方见到的推销员，他们嘴巴里喋喋不休讲得最多的就是产品的卖点。

但在实际销售过程中，销售员会面临上面场景中这样的困惑：我已经把产品所有的卖点准确无误地说出来了，为何客户依然不感兴趣？客户关注的"点"到底是什么？到底要如何说，客户才会产生购买欲望？

事实上，大多数时候，你所谓的"卖点"，不一定能够打动客户。真正打动客户的，是客户关注的"买点"。

即便你向客户讲了产品的 100 个"卖点"，如果里面没有一个"卖点"是客户关注、需要的"买点"，也等于零。

例如，当你走进商场门店时，一般会有一个至两个销售熟手热情地向你推荐。

"您好，这是我们的最新款，是今年最流行的样式与颜色，您可以试一下！"

"您好，这是某明星同款，非常修身，会凸显您的身材曲线哦，非常适合您。"

"您好，这款衣服采用了全棉面料，穿起来非常舒适，您可以试穿一下啊……"

这样的场景每天都在各个门店之中上演，这些销售员的确十分热情，试图在为顾客提供更加优质的服务的同时，向顾客展示产品的卖点，但有时会让顾客反感。因为销售员说出的都是他们自认为能够打动顾客的卖点。

在大多数情况之中，"卖点"与"买点"可能存在相同之处，但也可能南辕北辙。

"卖点"可以如同天上繁星之浩瀚，而"买点"只要一个便能发挥作用。"卖点"是销售员在意的，自认为客户会关注的"点"。但犹如一千个人眼里有一千个哈姆雷特一样，客户的身份、地位、性格、环境等不同，关注的可能完全不一样。

例如，在上述这个案例中，顾客的买点是什么呢？我们来分析一下。

首先，老顾客静静是来帮莉莉挑选化妆品的，而非她自己。因此，真正具有消费意向的是莉莉，而不是静静；其次，莉莉的需求是挑选适合见异地男友使用的化妆品。那么，面对准客户莉莉的这个需求，销售员应该如何说呢？

导购员小薇与小丽应该以莉莉为主，并根据莉莉的要求推荐化妆品。除此之外，小薇与小丽应该积极地鼓励静静一起参与到帮助莉莉推荐化妆品的过程之中，并用她的建议来影响莉莉。通过两人之间的社交关系，来增加莉莉对于化妆品的信赖度，从而促进莉莉的消费行为。而不是只顾与静静聊天，虽然这能够增加静静对店铺的认可，但对本次的销售并没有太大的帮助，还让莉莉产生被冷落的感觉，让店铺损失了一位新用户。

莉莉购买化妆品具有明确的目的与需求，小丽在推荐产品时应该与莉莉的需求紧密贴合，且谈话交流的中心应该是莉莉的需求。比如小丽可以这样说。

"这款粉底液很适合您，质地轻薄，使用后十分自然，让肌肤白里透红，您的男朋友见了之后会产生初恋一般的感觉。"

"现在是夏天，出汗很容易吃妆，这款产品具备防水功效，可以让您在见到男友时依旧保持妆容的清爽"，等等。

如此种种，每款推荐的理由都切合顾客的首要买点，并且不断强化这个买点，让顾客明白这款产品是最符合她内心的要求、最想购买的产品。在这之后，成交将不是难事。

大多数情况之下，销售员对产品"卖点"的关注大于对客户"买点"的关注。也许，你有十分丰富的销售经验；也许，你对话术的使用炉火纯青；也许，你具备十分过硬的专业销售知识。但你要明白，销售的熟练度并不等于高成功率。

因此，在销售过程之中，关注"买点"比关注"卖点"更能提高成交率。销售要用"买点"替代"卖点"。要知道，今天的成交，比拼的不是话术，而是走心。

1.3 没有买点，说再多也是废话

【销售场景1】

小王是一家服装店的销售员，为了更好地扩展客源渠道，小王准备上门推销。销售场景如下。

小王："这条连衣裙真是太适合您了，非常合身，简直是为您量身打造的。"

客户："真的吗？"

客户开心地转了一个圈，眼神中是藏不住的喜悦。

小王："这件连衣裙只要399元，并不贵。"

客户："一条连衣裙就要399，这还不贵吗？"

小王："看您的衣着打扮是个中高层人士，这点钱对您来说不过是九牛一毛。"

客户脸上开始出现不悦的神情。

客户："我的钱又不是大风刮来的，也是我辛辛苦苦挣来的血汗钱。裙子我看着不错，你能给点优惠打个折吗？"

小王："这是新款连衣裙，没有促销活动，我给您送点礼品可以吗？"

客户："我不要礼品，直接给我打折吧。"

双方争论不休，又互相说了好久，还是没有达成交易。

【销售场景2】

小王："这件连衣裙真是太适合您了，您看起来光彩照人！"

客户："真的吗？"

小王："是的，这条连衣裙在设计之初就受到很多客户喜爱。当时预订单就像雪花一样纷纷飞来，但是这款衣服特别挑身材，很多人试穿却合不上自己的身材，只能买来收藏。而您与这套衣服非常有缘，非常合身。"

客户："真的有那么好吗？你夸得我都不好意思了。"

小王："这点您放心，我们销售员的天职就是帮助客户寻找最合适的商品，这套连衣裙能够衬托你独一无二的美。连衣裙整体风格简洁，没有多余的条纹，在裙摆处略有花边，衬托您很有职场俏佳人的风采了。"此时客户脸上泛起了红晕。

客户："谢谢夸奖，那价格能不能再便宜一点呢？"

小王："女士，您觉得价格与上身效果哪个更重要呢？有时我们逛街很长时间都难以遇到一件自己喜欢的衣服，有时这件衣服就恰好近在眼前。不用犹豫了，您是直接穿着走还是我为您打包呢？"

客户："包起来吧！"

【深入思考】

1. 为什么场景1中的销售员说了很多，最后却徒劳无功？

2. 为什么场景2中的销售员简单几句话就搞定客户？

3. 销售员与客户交谈时要注意什么？

【销售分析】

一、为什么场景1中销售员说得多，却徒劳无功？

在销售场景1中，销售员说了很多，没有成交。在场景2中，几句简单的交流，却促成了一单生意，这是为什么呢？

因为场景2中的销售员抓住了销售活动的中心，即买点，显然场景1中的销售员忽略了买点。

在场景1中，客户已经对连衣裙心生好感，此时销售员只需再加一把火，对客户的衣着搭配、气质等各方面多加赞美，最后达成交易并非难事。那失败的根源是什么呢？场景1中销售员的失败在于销售员没有抓住买点，销售员主动向客户提及价格，这很容易让价格敏感型客户反感，让之前的销售活动前功尽弃。

在场景2中，销售员抓准了客户的买点。客户为什么会购买连衣裙？看中的是连衣裙"好看"，而不是价格。所以销售员在沟通时，将所有语言的落脚点放在"好看"。

找准客户买点，就很容易触动客户心灵，交易也是顺理成章。如何寻找客户买点呢？当销售员与客户沟通时，如果客户有听下去的耐心，或者有到店体验的兴趣，这就说明销售员已经捕获客户一半的买点，接下来销售员只需要根据这一线索顺藤摸瓜，就能很快找准客户的需求点，然后加以引导，成交便是水到渠成的事。

二、销售员与客户交谈时要注意什么？

研究再多卖点，不如抓住一个买点，没有买点，说再多也是废话。

卖点其实就是一个消费理由，最佳的卖点是最强有力的消费理由，从某种层面上来说，也就是卖方认为消费者可能关注的G点。

买点是客户购买商品的行为心理动机，它能激起客户为满足需求而做出的购买行为。简单地说，就是需求的 G 点。

　　从上文中的例子可见，只有卖点是不够的，关键是要找准消费者的买点，由于身份、地位、性格及环境的不同，消费者关心的可能并不是你说的卖点，而是自己心里的买点，所以当你拿捏住他们的买点后，交易也就近在眉睫了。

1.4 真正能打动顾客的，是顾客内心关注的买点

【销售场景】

小刘是一家医药公司的营销人员，主要工作是向各大医院和经销商销售医疗设备。但小刘总是遭遇冷场。

比如前些天，小刘遇见一位犹豫不决的用户，小刘很想拿下这位用户，与他洽谈许久，最后依然未能成功突围。

在小刘准备再一次电话联系时，却收到对方无情的拒绝："对不起，我们暂时不需要这些设备，如果有需要我们会与你联系。"

显然，客户是在敷衍小刘。

营销人员小王遭遇了同样的拒绝，但是被拒绝之后，小王并没有就此放弃，而是对这家企业进行了全面的摸底调查。通过调查，他发现这家企业对于医疗用品的需求量很大。与此同时，小王还了解到该企业与其供应商的关系在最近几年严重恶化。但由于此供应商的产品质量与价格都颇具优势，该企业对此供应商的依赖性较强，所以企业一直想寻求新的供应链却难以割舍。最近该企业与别的供应商之间又有联系了。

几家新的供应商对此虎视眈眈，但谁都没有一举拿下这块大肥肉。

小王猜测，信息冗杂是该用户拒绝自己的主要原因。自己讲了很多产品的优点，却没有一句说到用户心坎上，不能激起用户的购买热情，反而干扰了用户的判断，给用户留下还有许多可能性的假想。

小王认为，要想让用户觉得自己推销的产品是最好的，首先必须站在用户的立场上，关注用户内心的买点，设身处地为用户着想，将用户的利益最大化，帮助用户做出最理性的决策，为用户提供最优解决方案，将用户的买点一一实现。

在对用户进行了全面摸底后，小王决定再次拜访客户，开展新一轮的谈判。

小王："李总您好，我今天向您致电是想确认一下，对于上次我们与您沟通过的医疗设备采购一事，您还有什么顾虑吗？"

李总："小王，我看了你们的设备，还是蛮不错的。你也知道我们一直都有稳定的供应商，维持着稳定的供应关系，所以短期内我们并不打算寻求新的合作伙伴。"

小王："您过去一直在与 ×× 供应商合作吗？"

李总："是的。"

小王："您对他们的产品质量、价格、与售后服务怎么看呢？"

李总："他们家产品的质量可靠，性价比也很好，就是售后服务……"

小王："您是对我们产品的质量与价格有疑虑？"

李总："那不存在的，我对售后服务更加重视。"

小王："我非常赞同您的想法。现在是一个靠服务取胜的年代，服务是致胜的关键，过去那种仅仅依靠产品取胜的年代已经过去……"

【深入思考】

1. 小王是依靠什么获得了李总的信任呢？

2. 从小王的营销案例里，我们能得到哪些有益的经验？

【销售分析】

在上文的案例中，小王通过摸底调查，弄清楚了用户的买点，然后以用户买点作为切入点，与用户深入交流，在取得用户信任之后，及时给出答复。

这个故事告诉我们，作为销售员，想要获得用户的认可，首先需要站在用户的角度思考问题，找到用户想要购买产品的真正意图，将自己想卖的，说成用户想买的，由此打动用户。就像上文中的小王，在初次遭遇拒绝之后，立马改变策略，主动了解用户，深度挖掘用户背后的买点，以用户的买点作为第二次谈话的切入点，提出自己的想法，最终令合作达成。可见，真正能够打动用户的，是用户内心关注的买点。

站在用户的立场上，将自己想卖的，说成用户想买的，是营销人员应该把握的一个重要原则。

然而，在现实生活中，很多销售却难以做到这一点。有的销售自以为是站在用户的立场上思考问题，实际所言与用户买点相去甚远。比如，有的销售会说："女士，我会尽量站在你的角度上来思考……"但是当用户真正需要销售提供有效帮助时，销售又会推辞，忽略用户的真正需求。

一个优秀的推销员，在面对用户所提出的各种问题时，如何透过问题，找到用户买点呢？

一、换位思考，假设自己是一名用户

每个人在生活中都扮演着不同的角色，即使是一名推销员，在有购买需求时，也可以是一名用户。因此，推销员在销售产品的过程中，可以换位思考，将自己设想为一名有购买需求的用户，站在用户的角度，感受用户的所思所想，尽可能挖掘用户可能存在的买点。如此，推销员就能与用户产生共鸣，从而拉近自己与用户的距离，提升谈判的成功率。

二、做好调研，尽可能收集用户有效信息

推销员如何打动用户的心？需要抓住用户内心关注的买点。

推销员在正式推销之前，需要尽可能详细地收集资料，只有收集到足够多的资料，才能全面找出买点，才能全方位制订计划。

为什么有的推销员一上场就能抓住用户的心，就在于他们做的准备工作很充分。推销员与用户交流时，可以说："女士，如果我是您，您知道我会怎么做吗？"换位思考勾起用户兴趣，然后向用户展示自己所准备的材料、立场与建议，帮助用户做出最优决策。

三、深度剖析，找准用户买点

推销员想要打动用户的芳心，还需要找准用户关注的买点。

很多时候，用户对于是否购买产品犹豫不决。这种情况并不是销售员的销售方式存在问题，也不是产品的质量与价格存在问题，而是用户内心可能存在一些困扰。如果推销员能够帮助用户将内心的困扰消除，一切将会变得水到渠成。

坚持"将你所卖的，说成客户想买的"这一推销原则，拉近自己与用户的距离，发掘更多的用户潜在买点。

推销就是要坚持从客户的角度出发，找到用户购买商品的动机，主动帮助用户提出问题，让用户认识到这些问题存在的严重性。然后让用户知道自己所推销的产品能够满足用户的购买动机，解决用户的购买需求。由此，从买点的角度切入，更能提升推销成功率。

　　有的销售员认为自己只需要推销产品，其他的一切都无关紧要。这样就会陷入"为什么该说的我都说了，用户还是不买账？""为什么我说得越多，用户越烦"的泥泞之中。所以，推销员需要转变思路，将推销的"卖点"转换为"买点"，便能收获不一样的效果。毕竟真正能够打动用户的，是用户内心所关注的买点。

第 2 章

从"卖点"到"买点"，学会像顾客一样思考

摒弃以产品为主的思维模式，这就要求销售员要将销售的重点由卖点转为买点，站在顾客的角度，用顾客的思维方式来思考问题。孙子兵法曾经提到"知己知彼，百战不殆"，如何赢得每一场战争的胜利？就是不轻视自己，不轻视对手。

2.1 为什么宣传卖点的做法不灵了

【销售场景】

集市上，一名销售员正在吆喝："大家快来看一看，这是我们公司新生产的床垫，质量非常好。"

客户："好在哪里？"

销售员："哪里都好，这款床垫乳胶含量非常丰富，高达 90%；还配备升级款独立筒分区弹簧，可以正反两面使用，超高性价比，是购买床垫的首选。"

客户："听起来蛮高端的，但你说的那些，我都听不懂啊。"

销售员突然明白为什么周围站着一大群人，却无人购买床垫的原因了。

销售员："这位女士，您是否为皮肤问题而困扰？"

客户："是的，脸上总是长痘痘，我都是三十岁的人了，过了青春年龄，却得了青春病。"

销售员："女士，您脸上爆痘痘的罪魁祸首就是螨虫！如果螨虫钻进了您的皮肤里，无论是多么昂贵的化妆品都不见效。"

客户："那可怎么办？螨虫不会跟随我一生吧？"

销售员："那倒不会，除螨您可以去化妆店里弄，但抗螨您就需要一床专业抗螨床垫了。您看这款床垫，富含抑螨橡树蛋白，保证您晚上睡觉不会受螨虫困扰，这样您的皮肤会马上好起来的！"

客户："真的吗？这样可就去除了我的一块心头病。多少钱一床？"

销售员："今日特价活动999元一床，买到就是赚到。"

客户："那给我来一床吧！"

销售员："好咧！这是你的床垫。这款床垫软硬适中，还可以帮助青少年矫正脊椎，里面的独立弹簧可以降低噪声，可以帮助老年人入睡。现在就剩下这20件了，错过再无！"

很快销售员手里的床垫被疯抢，一会儿就卖光了。

【深入思考】

1. 起初客户为什么对床垫不感兴趣？

2. 后来床垫为什么会遭到客户疯抢？

3. 销售员应该如何宣传产品？

【销售分析】

一、为什么客户态度会发生变化？

在上面的销售场景中，起初在销售员的吆喝中，看的人多，买的人几乎没有，后来销售员的营销策略发生变化，客户都一哄而上，是什么样的销售策略令销量发生如此大的变化呢？

在销售场景中，起初销售员注重推销"卖点"，从产品质量、技术、构造等方面推销产品，虽然这些特征是产品的独特优势，但距离普通大众甚远，让客户觉得不知所云，所以客户自然不会购买一款毫无好感的产品了。

此时，销售员也很好奇，为什么宣传产品优势的做法不灵了？

集市中客户的一句话提醒了销售员，令销售员茅塞顿开。原来能打动客户心灵的销售点，不是卖点，而是买点。

销售员积极调整销售战略，将"买点"作为重点营销所在，找到每一位客户购买产品的需求点，比如青少年需要改善脊椎的床垫，中年人需要抑菌除螨、放松减压的床垫，老年人需要降低噪声、帮助睡眠的床垫。

销售员帮助每一位客户找到购买商品的需求点，然后向客户推荐适销对路的产品。在销售员将策略改变之后，销售取得了不错的效果。

二、销售员应该如何宣传产品？

那么，销售员应该如何宣传产品呢？

1.取得用户的信任

如果将销售过程分解，大致可以拆分为三段，前段获取客户信任，中段激发客户购买欲望，尾段再来临门一脚。

其中，前段获取客户信任是首要任务，是一切销售工作的前提。销售员获得客户信任之后，才能激发客户购买欲，进而成功销售产品。

怎么获取客户信任呢？著名的销售大师弗兰克留下了生动一课。

弗兰克在推销"皇家红宝石葡萄柚"时，他没有滔滔不绝介绍产品，而是直接告诉客户："如果这些葡萄柚让您说了声'不错'的话，就请留下它们吧！如果这些水果让您皱起了眉头，就请把它们寄回给我，邮费我来承担。"

弗兰克运用这一销售模式，销售给上百家目标客户，很快弗兰克收到了大量的订单，收获了大批量的顾客。

弗兰克的成功在于他抓住了用户的安全感，通过让消费者免费体验服务的方式，快速获取了客户信任。

所以，当销售员不知道如何获取客户信任，或为宣传卖点的做法失灵而困扰时，不妨试试免费体验服务。而在这个体验中，销售员要站在客户的角度衡量利益，给予客户充分的安全感，让客户觉得"这并没有让我损失什么"，一旦建立了彼此的信任感，那么就很容易成交了。

2.将宣传的卖点转变为买点

如何宣传卖点？简单举个例子。

夏日的一天，一名顾客走到柜台前，销售员热情地接待。

销售员："您好，有什么可以帮到您的吗？"

客户："我想买一台榨汁机。"

销售员听后并没有急于推荐新上架的榨汁机，而是继续询问客户。

销售员："我们这边的榨汁机有很多种，您更偏向哪一种呢？"

客户："我主要图个方便，对于其他功能都没什么要求。"

销售员一听，便拿出了一款榨汁机，向顾客继续介绍。

销售员："这款榨汁机的亮点在于清洗方便，您榨完果汁后只需将容器扭转两下，即可拿出来冲洗。这款容器不是玻璃材质，您也不用担心它会摔破，另外它的榨汁功能和其他榨汁机相同，您更不需要为其他功能而担心。"

顾客听完，非常满意地点点头，在询问了价格后便愉快地成交了。

从上述案例中，可以看出客户购买商品的背后一定隐藏着买点，这个买点是什么呢？有时客户会主动告知，但更多的时候需要销售员询问，通过询问挖掘客户买点，通过买点找到客户购买产品的真正原因和问题，然后帮助客户分析问题、解决问题，这样才能让客户更了解产品、更信任产品，成交量也会随着信任度增加而大大增加。

2.2 摒弃你以产品先入为主的思维模式

【销售场景】

工业园区新开了一家大型企业，企业准备将食堂业务外包，一直在餐饮行业做销售的小王听闻，兴奋不已，想拿下这一大单。

小王："我们公司扎根餐饮行业已经十多年，质量、卫生、口味都一直广受客户认可。我们公司尤其以海鲜出名。"

客户："海鲜？引入食堂倒是很少听说。"

小王："您可以尝试创新，我们公司的海鲜烹饪技术是一流的，曾获得我市厨艺比拼一等奖，接待了两百万名客户，客户好评率高达98%。在海鲜烹饪技术上，几乎没有商家比我们更优秀了。"

客户："我相信你们的厨艺，不过无论是价格还是口味，将海鲜引入食堂都不太合适吧？"

小王："您不用担心，我们会选取部分平价海鲜，保证不会给贵公司造成经济压力，在口味上，我们会采用海鲜口味与家常口味相结合。"

客户："既然你如此执着，那就试用三天，为建筑部门的二十多个员工准备午餐。"

小王喜不自胜，以为胜券在握。第一天，客户公司反馈的情况并不乐观,有的员工反馈味道太淡,有的员工反馈吃不饱,有的员工反馈太腥不好吃。小王感受到了危机,为了能顺利接下这单大生意,小王马上调整战略,将海鲜调整为家常菜,而海鲜则作为周五调剂品。

战略调整之后,小王的菜品很受欢迎,与客户公司顺利签单。

【深入思考】

1. 为什么小王的海鲜套餐会遭遇失败?

2. 为什么要摒弃先入为主的思维模式?

【销售分析】

一、为什么小王的海鲜套餐会遭遇失败?

在销售场景中,最开始小王提出海鲜套餐,结果不尽如人意,后来改为家常套餐,反响不错,为什么会出现这一现象呢?

在销售场景中,我们可以看出起初小王以自己做海鲜产品的优势,先入为主认为自己也能做好食堂海鲜套餐,而忽略了实际情况。脱离实际的销售方案就像是空中楼阁,好看不中用。由于小王以产品先入为主的思维模式制订方案,没有考虑到基层工作者的各方面需求,做出来的海鲜套餐被频频吐槽。而后小王摒弃了先入为主的思维模式,以客户需求为根据,推出家常套餐,获得客户一致好评。

可见,销售员在推销产品时,需要摒弃先入为主的思维模式,以客户为中心,深挖买点,让产品无限地贴近买点,才能获得客户认可,最终达成交易。

二、为什么要摒弃先入为主的思维模式?

很多初级销售员在推销产品时,会将"卖点"像背书一样一股脑儿地倾泻而出。可能起初客户还会停下脚步，礼貌性地倾听销售员的表述，并与之交流几句。但时间一长，客户便会心生不耐烦的情绪。

为什么会出现这样的情形呢？这是因为销售员关注的重点不对。销售活动的核心与目标，一定是指向客户，而不是所销售的产品，推销"买点"，比推销"卖点"更重要。

销售员在推销产品时，需要明白产品最终是为消费者服务的，产品的价值往往就体现在它所能为消费者创造的价值，比如为消费者提供舒适性，增强便捷性，甚至是提升娱乐性。

比如，电磁炉能够减少人们做饭的时间成本，以及节省精力；电视能够满足人们的精神文化娱乐需求。

有时销售员会有先入为主的观点，认为自己找到了产品的卖点。殊不知，销售员所找的卖点，与客户购买商品的买点，可能是天差地别。先入为主的思想会蒙蔽销售员观察销售本质的眼睛。

所以，销售员需要摒弃先入为主的思想，凡事不要急于表达自己的想法，不要过于强调自己的观点。毕竟市场不在经销商手上，也不在供应商手上，市场的主动权掌握在客户手上。

销售员需要放空自己的思想，摒弃一切想当然，认真倾听顾客的声音，观察顾客的举动，然后去辨别顾客选择产品时会最在意哪些因素？这些因素才是销售员最该抓住的关键点，是销售员赢得市场的法宝。

三、如何摒弃先入为主的思维模式？

摒弃以产品为主的思维模式，这就要求销售员要将销售的重点由卖点转为买点，站在顾客的角度，用顾客的思维方式来思考问题。

孙子兵法曾经提到"知己知彼，百战不殆"，如何赢得每一场战争的胜利？就是不轻视自己，不轻视对手。

实现销售的最好方式，就是站在对手的立场上思考问题。认真揣摩对手的内心想法，做到快人一步，先人一步。

很多人失败的原因就在于不懂得站在对方的立场上思考问题。作为销售员更应该将知己知彼的古训牢记于心，销售员想要得到大顾客认可，更应该懂得站在客户的立场上，用客户的思维模式来思考问题。

但是令人遗憾的是，很多销售员在发现潜在的大顾客后，依然采用了先入为主的思维模式，脑海里仅仅在思索"公司生产的产品这么棒，性价比又高，顾客应该购买的"，却从来不去考虑"客户为什么会选择我们的产品？其背后深层次的原因是什么？如果客户选择购买我们的产品，是如何做出购买决定的？顾客购买产品时，会采用怎样的流程？"

站在客户的角度上思考问题，是一个老生常谈的问题，却依然被很多销售员所忽略。这也是大多数销售员一直混迹于底层，不能取得突破进展的根本原因。

其实，销售员深入研究顾客的买点以及购买流程，比研究产品本身更为重要。

请记住，买点比卖点更重要。当销售员研究卖点时，会局限于产品本身；而销售员研究买点时，会发现我们与客户还有很多事情需要对接，还有很多地方需要完善，还有很大的改进空间。这样才会知道目前的工作，存在哪些弊病？需要如何改进，才能与客户建立有信任感的关系？销售的秘诀只有一条，就是懂得把脉用户的心理，知道用户的买点之所在。

当销售员所推荐的东西能够最大限度契合用户的买点，就能最大限度影响用户最终的购买决定。除此以外，还有一个好处就是，销售员站在客户的立场上，找准客户的买点，既能满足客户的购买需求，又能有效避免忍痛降价。

　　如果销售员能够将客户的问题一一解决，自己的销售问题便也迎刃而解。整个销售链条也会因此清晰流畅，这也是站在客户的立场去思考问题的另一个好处。

　　如何避免先入为主的思维模式呢？我们可以从以下方面着手。

　　一是要不断地进行反思。当销售员推出一款新产品时，不能只停留于产品的现状，应该将产品先投放于市场，给予消费者反馈的话语空间，从这些反馈中，提取消费者关注最多的内容对产品进行反思、修改。

　　二是要有创新精神。这里提到的创新并不是让销售员凭空捏造出一个想法，而是要结合消费者的声音，在成品上面增加一些新的功能，比如每年都会上新的 iPhone，无论是产品的外观还是系统的设置都会增加一点新功能。这样不仅能让消费者保持对产品的好奇心，更能引发他们的探索兴趣，从而激发购买欲。

23 让你的产品在客户实际使用中表现相应的利益点

【销售场景】

销售员："您好，我来为您送健康，这是一款新型榨汁机。"

客户："您好，我可不需要什么榨汁机，我每天早上在楼下早餐店买一杯豆浆，两块钱，特别方便。"

客户一开口就拒绝了销售员，销售员险些吃一个闭门羹。

销售员："您孩子多大了？"

客户："我儿子上初中了，怎么了？"

销售员："初中正是长身体的时候，您平时一定为孩子买了不少牛奶、豆奶之类的饮品补身体吧？"

客户："是的，基本上是牛奶不断，但孩子总说喝了牛奶容易犯困。"

销售员："是的，牛奶里含有L-色氨酸，喝了之后有助睡眠的作用。"

客户："那孩子正是拼搏的年龄呢！怎么可以天天睡觉？"

销售员："您来看看我们这款榨汁机吧，可不仅仅是榨豆浆哟，水果蔬菜都可以榨。您知道吗？孩子现在是长身体的时候，也是拼前程的时候，不仅要保证充足的营养，还要保证超强的注意力。这款榨汁机可以满足您这两个愿望。"

客户："真的吗？榨榨水果，听起来是还不错。"

销售员："当然，我这里有两个橙子，给您榨一杯。"

客户品尝之后，觉得味道不错。

销售员："这是橙子果汁，含有丰富的维生素，喝完是不是感觉整个人都轻松畅快起来？这些维生素是青少年每天成长所必需的。白天用果汁代替牛奶，可以补充营养，还能避免打瞌睡。"

客户："真是不错，我家孩子最喜欢喝果汁了，当然还是自己榨的放心。"

销售员："除此以外，大部分果汁饮品都是偏酸性，这有助于消化，还能帮助孩子提高注意力。"

客户："真是不错，为孩子花多少钱都值得，我买了。"

【深入思考】

1. 为什么险些吃闭门羹的销售员能够扭转局势？

2. 如何让产品在客户实际使用中表现相应的利益点？

【销售分析】

一、为什么险些吃闭门羹的销售员能够扭转局势？

销售场景中，客户听到销售员上门推销的消息后，直接拒绝了销售员，让销售员险些吃闭门羹，而最后却开开心心买了销售员所推荐的产品。是什么导致了这一惊人变化呢？

在销售场景中，客户为什么会拒绝销售员呢？答案就是三个字"不需要"。

而销售员又是如何征服客户的呢？就是将不需要变为需要。具体而言，如何将不需要变为需要？销售员所使用的方法就是让产品在客户实际使用中表现出相应的利益点。

比如在这个销售场景中，客户可能出于什么样的购买需求去选购商品？客户的买点是多方面的，可能是出于自己榨豆浆养生的需要；可能是为孩子榨果汁补充营养的需要；也可能是榨蔬菜用来做调味品的需要。这些都是产品与客户实际使用相连接的利益点，也是客户可能会购买产品的买点。

在这个销售场景中，客户购买产品为孩子榨果汁是最重要的买点，销售员就基于这一买点深入展开，详解优势，步步诱导，让客户觉得"我确实是需要一台榨汁机"。

可见，优秀的销售在推销时，不仅会推销商品本身的优势，更是会让客户看到产品在生活中所体现出来的价值。

让产品展现出客户实际使用过程中的利益点，其重要性不言而喻。如果销售员忽略了产品在实际使用中的价值，那将可能让前期所有的准备工作功亏一篑。毕竟客户掏钱购买的是实际使用价值。销售员只有站在客户立场，像客户一样关注产品的使用价值，才能将产品内在的价值活化。

二、为什么要向客户表现产品的使用价值？

优秀的销售员都知道，把握好客户心理是成交的不二法门。

顾客最关心的就是与自己切身相关的利益。

那些优秀的销售员之所以能够获得客户认可，关键点就在于他们抓住了客户最关心产品利益的心理。销售员将产品的利益点展示给顾客，才能让产品触动客户心灵，激发客户购买欲。

在现实生活中，很多销售员，仅仅把关注的焦点放在产品是否足够优质，产品是否能够卖得出去等问题上，与客户交流时，也只是一味地夸赞自己的产品有多优质，而没有将产品与顾客的利益点连接起来。

这样的销售推广给客户的感觉就是，销售员只关心自己能赚多少钱，而不关心产品能带给顾客多少利益与好处。当客户产生这种想法时，就已经在心里将销售员定位为营销人员，而非自己购买产品的小助手。

因此，当客户利益没有被满足时，客户很容易在最后买单环节，毫不留情地拒绝。

曾经有一位王牌销售，说销售是一份压抑自己意愿，去满足别人意愿的工作。销售工作的出发点与落脚点，都应该放在客户身上，毕竟销售员是在为顾客服务并从中获取一定的利益。销售员是在卖客户喜欢的产品，能够为客户提供价值的产品，而不是卖自己喜欢的产品。

销售员需要坚持"客户至上"的基本原则，将顾客的利益最大化，站在顾客的立场上思考问题，这是一位销售员决胜未来的重要因素。

三、如何展现产品的使用价值？

那么，销售员应该如何展现产品的使用价值呢？下面以一部手机为例，详解商品的使用价值。

1.展示产品的使用价值

一部手机出厂以后，厂家会规定一个相对固定的价值，比如 2000 元。在全国连锁店，销售价格都相差不大。销售员可以向客户展示产品本身的功能。

2.展示产品文化价值

每一款手机都有自己的品牌商，而品牌商又有着独特的文化。

比如小米手机契合年轻人的潮流文化，苹果手机展现科技商务文化，华为手机展现锐意进取的奋斗者文化。文化就是产品的底蕴，同样的产品也可能因为文化的不同而价格不同，客户更愿意为富含文化底蕴的产品买单。销售员需要根据客户风格喜好，推荐最搭的产品。

3.展示产品的品牌价值

不言而喻，客户更愿意为著名品牌产品多掏钱。品牌就如同商家对其产品质量的背书，品牌能够有力地增强客户的信任度。销售员可以适当展现产品品牌，如果是不出名品牌的产品，销售员可以讲讲产品背后的故事。

4.展示产品的组合价值

销售员在介绍手机时，同时为客户介绍最合适最物美价廉的手机卡套餐，并搭配精美的手机壳，让客户感受到销售员是实实在在的购物小助手。

5.展示产品的延伸价值

网上流传一个搞笑段子，就是："核桃砸不开，就用诺基亚手机来试试吧！"砸核桃就是诺基亚手机的延伸功能价值，虽然只是一个玩笑，但只要销售员愿意挖掘，一定能够发现产品的其他衍生功能。

6.展现产品的细分市场价值

销售员在推销手机时，为两个手机安装上情侣手机壳，这样就能够有效吸引年轻情侣的目光。同样，为青少年客户推荐学习型手机，为老年人推荐老人机，为中年用户推荐商务机，为游戏爱好者推荐游戏手机，这就是细分市场价值。

24 按客户的接受习惯来逐步地推出你的产品

【销售场景】

销售员："李总，听说贵公司有定制厂服的需求，这是我们公司新出的几款服装，您看看。"

客户并没有急于接话，而是上下打量了一下销售员，又用余光瞄了一眼产品，销售员报以一个微笑。

客户："你简单介绍一下产品吧！"

销售员："我们公司是专业的服装生产加工公司，为不少大品牌生产过服装，这几款是根据 ×× 国际企业的员工服装，在稍作变通之后设计的新款式。您看看，非常时尚呢！"

客户："还有其他优点吗？"

销售员："这款服装几乎是全封闭的，除了预留呼吸的换气口，其他地方都是封闭的。这一设计几乎可以保证车间的绝对卫生，这一设计在国际上都是领先的。"

客户两眼放光，拿起产品，仔细欣赏起来。

客户："目前有哪些工厂使用这款服装？"

销售员："目前大多是北京、上海、广东的集团化大企业使用，如果您引进这套服装，那还是我们市第一家呢！"

客户："200套多少钱？"

销售员："10万元，还给您额外送两套。"

客户："就它了"。

【深入思考】

1. 销售员是怎么推销产品的？
2. 客户有哪些交易习惯呢？

【销售分析】

一、销售员是怎么推销产品的？

在销售场景中，销售员是如何推销产品的呢？

第一步，我们可以看出销售员在根据客户的交易习惯，逐步调整自己的节奏，来适应客户的交易风格。从销售场景中我们可以推断，这次商务洽谈是销售员与客户的第一次洽谈，在双方都不熟悉的状态下，客户对销售员以及产品进行打量是一个很正常的状态。此时销售员报以微笑，一个笑容就轻松打破僵局，缓解尴尬，营造出轻松愉悦的洽谈氛围。

第二步，在氛围营造完毕之后，销售员对产品的优势做了大致介绍。这一步能够让客户全面了解产品信息，做到心中有数。

第三步，销售员对于核心优势做重点介绍，并运用"国际领先"等词汇突出优势性，让客户能够迅速聚焦产品的核心优势，把握重点。在这一步客户是否有意向购买产品，销售员与客户都已经了然于胸。

第四步，销售员通过送赠品来实现临门一脚，助力客户下单。

在销售场景中，我们能看出客户推销产品不是一蹴而就的，而是根据客户的交易习惯，逐步推出产品，以达到令客户满意下单的交易目的。

二、客户有哪些交易习惯呢？

1.客户选购商品的常见习惯

当销售员推销产品时，客户并不会全盘相信销售员的所言所语，而是会对销售员以及品牌有一个初步的考察。比如，客户会观察销售员以及产品的形象，会在意销售员的一举一动，会注意产品说明书，包括产品的售后服务都会有所涉猎，同时客户还喜欢通过询问来了解产品的功能与特性。

在客户与销售员的沟通环节，客户喜欢听到专业的术语以及原理说明。即使有些专业术语晦涩难懂，客户也会点头示意表示赞同。在沟通中，如果客户听到销售员表达该产品在行业中具有技术领先性，客户往往会特别高兴。毕竟谁都不愿意买一个淘汰落后的产品，被亲朋好友嘲笑。

销售员需要注意，客户不喜欢夸大其词的介绍，所以交谈时销售员用语应该尽量中肯。

2.客户希望获取中性信息

有的销售员喜欢说华丽的辞藻，这样能够显示出自身的文化水平以及商品的底蕴内涵，而实际上客户并非这样认为，客户反而会认为这样是对产品买点缺乏的掩饰。

任何一位客户对于初来乍到的销售员以及产品，都会有一种本能的抗拒。心灵藩篱之墙一旦形成，是很难突破的，所以优秀的销售员在传播产品价值与品牌文化时，都会尽可能地达到"随风潜入夜，润物细无声"的境界。

比如，国内消费者喜欢大众消费，跟风消费，别人买什么我就买什么。最常见的就是在网络购物平台，很多客户打开手机，就会点击销量优先排序，然后选购排名前几名的商品。

再比如，一位销售去小区推销产品，起初销量并不乐观，但在他向业主委员会送了几套商品后，附近的居民便跟风买起了商品。

如今社会生活节奏加快，客户很难像过去一样，花很多时间去精挑细选，货比三家，因此客户对产品的风险性以及不确定性的担心也随之增加。而在大多数客户看来，减少这种风险的最好方式就是从众。

3. 想占小便宜的心理

占小便宜是人性的弱点，也是人之常情。很多时候客户在乎的并不是赠品或价格优惠本身的价值，而是产品附加值所带来的满足感。所以即使是毫不起眼的赠品，都能增加客户的购买意愿。赠品运用得好，能起到临门一脚的作用；运用得不好，煮熟的鸭子也会飞。

4. 客户喜欢宽松的购买环境

曾经有一位久负盛名的企业家说："我宁愿雇用一个笑容甜美、初中毕业的女孩，也不愿意雇用一个知识渊博、整天板着个脸的女博士。"

一位顶级销售也表达了同样的看法："无论是我认识的人还是不认识的人，只要我目光触及他们，我都会先向对方微笑。"

根据某统计数据显示，同一行业，销售同一产品的门店，雇用年龄、学历相差不大的员工，销量最好的门店是店员长年面带微笑的门店。

中国有句俗语叫作"伸手不打笑脸人"，一个甜美的笑脸就是销售员的秘密武器。一个善意的微笑就能给对方一种暗示，暗示自己是一个通情达理，可亲近的人。

除此以外，一个亲切的微笑还能融化客户心中树立起来的藩篱，拉近与客户的心理距离。不少事实都能证明，愉悦的微笑能够带来显著的经济价值。

第 *3* 章

找买点：说对买点，买点对了，生意就成了

俗话说"量体裁衣，看菜吃饭"。客户在意什么，销售员就要根据客户买点推荐什么，这样才能赢得客户的好感。作为销售员，同样要掌握这一技能。懂得从客户的微小行为中窥探客户心中的秘密，找到客户心底的买点。

3.1 从言谈找买点

【销售场景】

小王是一家服装厂的销售员，一位客户在公司的销售网页中留下了联系方式，并表示需要 3000 套校服。小王看到这一信息十分兴奋，心想一定要拿下这笔大单。销售场景如下：

小王："李校长，您好！我是 ×× 服装厂的业务员小王。我在公司网页上看到贵公司有购买服装的需求，特地前来拜访您。"

客户："你们公司为哪些单位定制过衣服？"

小王："一中、二中、十六中的校服由我们厂家生产。对了，在去年的文艺汇演中，一中（2）班的 40 位同学身穿校服进行诗歌朗诵，最终还获得了文艺汇演的一等奖呢。"

校长："你们有哪些款式的校服呢？让我看看，学生的校服就要有学生的样子。"

小王："这是自然。我们厂家有 100 多套校服样本。每一套都是聘请专业设计师潜心设计，在去年的服装展示秀中，我们的衣服都是最受家长朋友欢迎的，评分均位居前列。"

校长："那校服的性价比怎样呢？我们是为学生采购校服，希望不会对学生的家庭造成负担。"

小王："这您放心。这款校服的性价比非常高，所采用的是纯棉布料，亲肤耐磨，是学生制作校服布料的首选。就这样一套校服只需要 100 元，这几乎是 99% 的家庭都能承担的费用。"

校长："你们有时尚运动款吗？现在的孩子都不太喜欢穿传统校服，更喜欢新潮一些的款式。"

小王："当然有！您看这几款衣服就是传统校服的改良款，他们继承了传统校服宽大舒适的优势，同时又融入了一些时尚元素，孩子们一定喜欢。"

校长："那你就按照这几款衣服做一个样本，周一再来校园，我找学生试一试看看效果。"

一周过后，小王带来的衣服深受学生好评，小王也顺利签下这笔大单。

【深入思考】

1. 销售员小王的成功秘诀是什么？

2. 如何从言谈找买点？

【销售分析】

一、销售员小王的成功秘诀是什么？

在销售场景中，小王与校长交谈了寥寥数语，就成功签下 3000 套校服的大单。那么，小王成功签单的秘诀是什么呢？

小王成功签单的秘诀就在于小王能根据客户言谈，精准找到客户买点。

什么是买点？就是客户最关注的点，最重要的需求。

在销售员与客户沟通的过程中，很多时候客户都会无意识地透露出买点。这时，销售员只需要根据客户买点，顺藤摸瓜，为客户推荐合适的产品即可。

比如，客户说："有没有性价比更高的产品？"这说明客户在意产品的实用性，那么销售员在向客户推荐商品的过程中，就需要反复强调商品的性价比。

再比如，销售员为客户推荐了今年最潮流的款式，却被客户不屑一顾："满大街都穿烂的衣服，我才不想穿呢！"这说明客户在意商品的个性特征，不喜欢跟风随大流。对此，销售员在向客户推荐商品的过程中，就需要反复强调商品的独特性、限量版、稀缺性。

再比如，客户说"××厂家产品的质量非常好"，这说明客户在意产品的品质与细节，对此销售员在推荐商品的过程中，需要着重强调自己的产品是精工打造，秉持工匠精神，一针一线织就而成的。

俗话说："量体裁衣，看菜吃饭。"客户在意什么，销售员就要根据客户买点推荐什么，这样才能赢得客户好感。

二、如何从言谈中找买点？

语言交流是销售员与客户交流的主场，一个有经验的销售，往往能从客户的只言片语中捕捉到最重要的信息。那么销售员应该如何从客户言谈中找到买点呢？

1.认真倾听客户说话

销售员认真倾听客户说话，是对客户的基本尊重，也是深度挖掘客户买点的重要方式。销售员认真倾听客户说话，还需要做到以下几点。

（1）不要打断客户说话。

（2）学会共情。销售员需要多换位思考，尽量做到与客户感同身受。

（3）全身心投入到聆听之中，不做小动作。

（4）及时反馈聆听信息。销售员及时反馈信息，能够让客户感受到自己的言谈被认真对待，从而提高对销售员的评价，还能帮助销售员准确无误的理解客户意思。如果理解有误，客户能在第一时间做出纠正。

（5）适当忽略客户谈话时的小动作，而将重点放在客户言谈之上。

（6）大脑快速反应。根据调查显示，大脑的思维速度比说话的速度要快很多倍。往往客户在说某些句子时，销售员就能大致揣测出后续内容，所以销售员在聆听客户谈话时，大脑要快速运转，勤于思考。

（7）客户一时语塞时，销售员要赶紧做出补充，以免发生冷场。

2. 从口头语言中捕捉到客户购买侧重点

（1）经常说"我个人认为……是不是这样……，能不能这样……"这一类客户，大多和蔼可亲，平易近人，为人处世冷静客观。对此销售员需要一一分析产品利弊，帮助客户做出最理性、正确的决策。

（2）经常使用流行语的客户，大多喜欢跟风随大流，对此销售员需要为他们推荐时下最潮流、最新款的产品。

（3）经常使用"绝对""一定""必须"等词汇的客户，大多性格武断，对此销售员需要推荐客户心有所属，或比较偏爱的商品，莫触逆鳞。

（4）经常使用外来词汇、外来用语的客户，大多具有较强的虚荣心，对此销售员需要多夸奖客户，满足其精神需求。

（5）经常说"我早就知道了"的客户，具有强烈的表达欲望，对此销售员需要耐心倾听客户想法，扮演好一个知心大哥哥、大姐姐的角色。

（6）经常说"最后怎么样？最后发生什么了？"的客户，大多需求没有被满足，对此销售员需要深度挖掘客户需求，找出客户疑虑困惑的地方，并一一满足。

（7）经常说"真的""我骗你是猪"的客户，大多缺乏自信，对此销售员需要对客户的观点多肯定，对客户多夸奖赞扬，提升客户的自信心。

32 从行为找买点

【销售场景】

小王是一家4S店的销售员，在小王所在公司的官网页面上，一位客户留下了想购买4辆汽车作为公司公车的信息。小王联系到客户，前往进行商业洽谈，销售场景如下。

小王："李总，你好！我在我们公司的销售网页上，收集到您有意向购买汽车的信息。"

李总坐在距离小王3米远的沙发上，一边听小王讲话，一边玩弄手中的茶杯。

客户："我们公司目前需要购买4辆汽车，最近几天，已经有不少业务员前来登门拜访，我还没决定花落哪家。你既然来了，就请你说说你家轿车的优势。"

小王："我为贵公司推荐一款新能源汽车。您知道的，新能源汽车是未来汽车的发展大趋势。贵公司采购这款轿车就是走在时代前列。"

客户点点头，示意小王继续说。

小王："这款汽车的最大优势就是环保。据我所知，贵公司去年在我市环保型企业评比大赛中勇夺桂冠。为公司采购这款轿车，亦能彰显环保企业的风范。"

客户欣然点头，脸上浮现了笑意，眼角也离开桌上的茶杯，望向小王。

小王："这款汽车的第二个优点就是省钱。从 2014 年开始，国家及我市政府对新能源汽车所给予的补助高达 10 多万元。4 辆车就是 40 多万元，这能为公司节省一笔不小的开销。"

客户起身离开沙发，坐在距离小王一米远的椅子上，转身面向小王，认真倾听小王讲话。

小王："除此以外，新能源汽车还有两个优点。一个是噪声小，我了解到贵公司的车库就在董事长办公室旁边。如果是传统汽车，每次出发或回归，噪声都会对董事长的生活工作造成干扰，那可就不好了。另外一个优点就是非常节能，跑同样的路程，新能源汽车耗能量只占普通汽车耗能量的 70%。"

这时客户开始来回踱步，频频喝茶，低头若有所思。隔了半晌，客户认真询问小王许多问题，比如新能源汽车的充电桩分布，新能源汽车续航里程长短，新能源汽车的充电速度，包括新能源汽车的售后服务等，对各个细节，逐一询问，认真倾听。小王一一答疑解惑。

在一番交谈之后，客户下定决心签了这笔大单。

【深入思考】

1. 销售员小王的成功秘诀是什么？

2. 暗示交易即将达成的 10 种客户行为。

【销售分析】

一、销售员小王的成功秘诀是什么?

在销售场景中,起初客户对销售员小王并不重视。那么,小王是如何步步诱导,妙手回春的呢?

在销售场景中,我们可以看出小王一直在根据客户行为,寻找买点。在精准把握客户买点这一基础之上,为客户推荐适销对路的产品。

在销售活动中,成功把脉客户心理,找准客户买点,是销售取胜的秘密武器。那么销售员如何把脉客户心理呢?方法很简单,就是从客户一言一行,一举一动,一颦一笑,甚至微表情中找到答案。

比如,客户反复揉搓产品的面料,这说明客户对产品材质感兴趣,对此销售员应向客户强调产品材质。

再比如,客户将不同的衣服组合搭配来穿,这说明客户对产品的搭配很感兴趣,对此销售员就需要多强调产品的百搭性以及产品与客户身材的契合度。

再比如,客户试穿衣服时,认真查看腰身,收紧小肚子,这说明客户对产品的版型感兴趣,对此销售员需要多向客户强调商品显瘦、修身、版型好等特征。

一位世界著名的侦探大师曾说:"我们能够从任何犯罪分子的微表情中洞察他内心的秘密。"作为销售员,同样要掌握这一技能。懂得从客户的微小行为中,窥探客户心中的秘密,找到客户心底的买点。

二、暗示交易即将达成的 10 种客户行为

那么,销售员应该如何从客户行为中寻找买点呢?下面这 10 种行为是开启客户购买决定的心灵钥匙。如果客户有以下 10 种行为,则说明客户对商品有较强烈的购买意向。

1. 客户来回踱步，陷入沉思，或客户与陪同购买的同伴，不时低声交流、磋商。

2. 客户频繁喝茶或抽烟。

3. 客户查看售后服务单、购物清单，手指指着清单上的每一项认真对比查看。

4. 客户下意识地将椅子靠向销售员，身体转向销售员，交谈姿势由紧张警惕变为放松。

5. 客户下意识地摸口袋、掏信用卡、查看微信支付宝、查看订单。

6. 客户尝试与销售员讨价还价。

7. 客户与销售员讨论赠品以及增值服务。

8. 客户目光由不经意到聚精会神，再到两眼放光，神采奕奕。

9. 客户面部表情由不在意、不理睬、不屑一顾变为热情洋溢、快乐兴奋。

10. 客户认真询问商品细节，事无巨细一一过目，一一询问。

3.3 少说多问

【销售场景】

小王是一家直播电商平台的网络达人，由于小王活泼快乐的性格，吸引不少粉丝关注。现在小王一打开直播间，就大约有 5000 人在线收看小王直播。作为潮流达人，小王自然没有错过直播卖货的风口，小王在直播间卖货场景如下。

小王："小哥哥、小姐姐，大家晚上好。"

粉丝互动区："晚上好！""你好！""男神哥哥好！"

小王："好久不见，我想死你们啦！你们想我了吗？"

粉丝互动区沸腾了，一串串回复迅速滚动："必须的！""想念你的笑，想念你的味道……""做梦都想！"一份份礼物"从天而降"，直播间里盛满了欢乐。

小王："来，大家看看这是什么？有谁认识吗？答对有奖哟！"

互动区里，粉丝踊跃回答："这是面霜""这是 ×× 牌面霜""我用过，保湿效果很给力！"

小王："真棒！大家真是火眼金睛，我手上这个小绿瓶就是 ×× 牌面霜，这个面霜有一个特点，就是保湿效果非常好，用一次可以管三天。"

互动区部分粉丝有些心动了："多少钱一瓶？""是免洗的吗？""美白效果怎么样呢？"

小王："是免洗的，这瓶面霜主攻保湿，想要变白的朋友，我给你们推荐××牌美白乳液。冬天皮肤容易干燥，我建议大家用这瓶更好呢，大家猜猜多少钱一瓶？"

互动区："199""158""399""208没错了，我在商场里看到过。"

小王："您在哪里的商场看到这款护肤品有销售呢？"

互动区："北京王府井附近。"

小王："谢谢，是的，这款面霜在各大商场都是208元的零售额，但今天商家给咱们直播间的优惠价是168元一瓶，只有100件。3、2、1，看谁手最快！"

不到三分钟，小王直播间里的商品被抢购一空。

【深入思考】

1. 销售员小王成交的秘诀是什么？

2. 销售员要怎么问客户？

【销售分析】

一、销售员小王成交的秘诀是什么？

直播卖货成为如今销售新趋势，新途径，在直播达人的强大号召力下，动辄几十万的商品被抢购一空，其强大的带货能力可能令传统销售目瞪口呆，自愧不如。

那么，带货达人在直播销售中，应该如何与粉丝互动呢？

在上面的场景中，可以看出主播需要做到少说多问。

销售中的少说多问，就是销售员要摒弃长篇累牍的产品叙述，采用提问方式，来调动粉丝情绪，激发粉丝购买意愿。

需要注意的是，提问要分两段，前段调动直播间氛围，吸引粉丝注意力，简称暖场；后段以商品销售为中心展开，主播通过提问精心准备的问题，刺激粉丝的购买欲望，引导粉丝完成消费。

二、销售员应该怎样问客户？

销售过程是一个坚持以客户为中心，以客户买点为导向的过程。销售中最忌讳的是销售员喋喋不休而忽略了客户的感受。销售员与其说一堆客户不感兴趣的话，还不如少说多问，设计些许精妙的问题，一步步诱导客户回答，在答案中挖客户买点，使产品推荐更精准。具体而言，销售员询问客户需要做到以下几点。

1. 不连续发问

销售员询问客户时，需要坚持的一个原则就是——连续发问不能超过三个问题。

比如汽车销售员，初见客户就问"您是哪里人？""您准备买什么样的车？""您预算额多少？"这样连续发问会让客户心生抗拒，一方面，连续发问如同调查户口，让客户心生藩篱之墙；另一方面，连续发问会让客户觉得压力倍增，进而产生抗拒心理。最后客户可能会不配合销售员询问，一走了之。

2. 通过问题刺激客户购买欲

在商务洽谈中，价格是永远避不开的话题。有些客户对价格特别敏感，第一个问题就会询问价格"你们公司目前有什么活动？""折扣力度多少？"如果此时销售员直接告知，销售活动可能戛然而止。

针对这一情况，销售员应该尽量避免直接谈价格，销售员要多从产品价值入手，来激发客户的购买欲望，并将价格问题以及折扣、赠品问题留到最后。客户购买欲望被激发得越充分，客户对价格的接受程度就越高。

3.客户询问时应遵循先简后难的原则

如果销售员是店铺推广人员，想调动客户的加盟意愿，销售员可以这样询问："您现在是否有店铺？"

客户回答"有"，销售员就可以说："现在市场竞争非常激烈，您需要加盟优质品牌才能享受到品牌效应带来的盈利。"

客户回答"没有"，销售员就可以说："俗话说一铺养三代，购买店铺是稳赚不赔的致富路。"在这个例子中，销售员首先询问客户"您是否有店铺"这个简单的问题，客户很容易做出答案，从而引导客户进入销售流程第一步。

如果销售员起初就询问"您准备投资多少资金？""你想获得多高的盈利？"等问题时，客户会产生抗拒心理。

所以销售员在询问问题时，要遵循先易后难的原则，循循善诱，引导客户逐层深入，直至完成整个销售流程。

3.4 找到买点，不断强化

【销售场景】

小王是一家电器生产商的销售员，前些天小王拜访了一位想大批量采购吸尘器的客户，客户对小王公司的吸尘器给予了高度评价，看起来很有购买意向。所以，小王准备二次登门拜访，拿下这笔大单。销售场景如下。

小王："李总，吸尘器用起来怎么样？"

客户："试用吸尘器吗？我用了三天，感觉还不错。"

小王："是吧，我们厂的吸尘器，质量好，吸力强，性价比还高。"

客户："那多少钱一台呢？"

小王："699元一台，如果您团购，还可以给您团购价。"

客户："我再考虑考虑吧！"

后来，无论小王如何与客户沟通，客户都表示自己需要再考虑考虑。

过了两天，小王致电客户："李总，我是某××电器生产厂的业务员小王，您在使用吸尘器的过程中，有遇到什么困难吗？"

客户："暂时没有，我现在没时间，晚上我再打给你好吗？"

小王再一次遭到客户拒绝，此时小王不知所措。"到底应该继续联系客户呢，还是就此放弃呢？"小王更加不明白的是："客户已经表示出购买意愿，为什么迟迟不能做出购买决定呢？"

【深入思考】

1. 为什么客户有购买意愿，却没有购买行动？

2. 怎么强化买点？

【销售分析】

一、为什么客户有购买意愿，却没有购买行动？

在销售场景中，客户三番两次表达了对吸尘器的喜爱，眼看这笔交易唾手可得，但客户总在买单环节犹豫不决，无论销售员小王怎样努力，都无法推动销售进程。

现实生活中，这样的情景并不少见。有的客户与销售员交谈时语言流利，作风爽快，对产品的评价也很高，但到了最后交易环节，患得患失，无法做出购买决定，甚至使用"我很忙，没时间，改天再说"等语言来敷衍。

让到嘴的鸭子飞掉，是每一个销售员都不愿意看到的。那么，当客户有购买意向而不愿下单时，销售员该怎么办？

客户犹豫不决一定是有原因的。可能是客户的需求没有全部被满足，可能是销售员对客户买点把握不精确；可能是客心中还有所顾虑；可能是客户对销售员缺乏信任；无论是哪一种都可能造成客户购买迟延。

针对这一情况，销售员需要找准买点，不断强化。俗话说"不忘初心，方得始终"，客户购买产品的初心是什么？就是买点，销售员需要根据客户言行举止，深挖买点，找准买点，然后不断强化买点，不断巩固客户的购买意识。待客户抛开一切杂念，将目光与注意力完全集中到买点之上，这时销售员再加以临门一脚，便可顺利完成交易。

二、怎么强化买点？

销售员与客户谈判的过程，是一个相互博弈、相互追求、相互选择的过程。经常有销售员抱怨说："客户有购买需求，购买意向，但就是不签单该怎么办呢？"

下面这一系列方法，能帮助销售员强化客户买点，顺利签单。

1. 反思自己的不足

客户为什么不签单，自然有客户自己的道理，作为销售员不能一味去责怪客户，而应该多从自身找原因。更何况销售进程已经走到最后一步，就像是烧开水，已经烧到99℃，还差1℃就沸腾了，难道甘心放弃吗？销售员需要认真反思自身不足，主动做出改变，永远以积极向上的心态拥抱客户。

2. 找出阻碍成交的事实原因

销售员与客户谈判时，一定要坚信客户最终一定会和自己成交，销售员所做的事情就是尽可能将这个成交时间缩短。

为什么客户有购买意愿而不下单购买产品呢？是客户的部分需求没有满足？还是竞争对手给了客户甜头？是客户对产品有担忧或疑虑？还是客户真的业务繁忙，没有时间？找到原因之后才能对症下药。

3. 稳定心态

在销售过程中，销售员碰到客户迟迟不下单的现象再正常不过。问题出现了，总会有解决的办法，销售员要相信方法总比困难多。

更何况克服困难的过程，也是一次获取经验、自我成长的方式，这样的困难能为将来的销售工作提供有益经验，为生活增添乐趣。正如毛主席诗词说的"与人斗，其乐无穷"。

4. 把握客户心理

客户迟迟不下单，是因为什么呢？客户有什么顾虑？客户有什么担忧？客户是觉得产品太贵？还是质量不好？还是折扣力度不大？这些都需要销售员站在客户立场上去深度思考。

5. 相信自己是销售谈判中的导演

销售员可以把销售谈判想象为一场戏剧，自己就是这场戏剧的导演。自己可以调动全身正能量去鼓舞客户，引导客户，将劣势变为优势，将局面转为有利。

6. 解决客户的担忧

客户迟迟不下单，可能是因为客户心中还有所顾虑，或有某些现实问题没有解决。如果销售员所推荐的产品只能解决客户的某一个问题，而不能解决其他问题，那么客户就会有所迟疑，这时销售员需要秉承为客户办实事、办好事的精神，认真解答客户疑惑，或为客户推荐能一次性解决所有问题的产品。相信销售员的态度最终会打动客户。

7. 临门一脚

最常见的临门一脚成交方式就是一群销售员围绕客户，不断夸奖客户，让客户感觉幸福感爆棚。再配合几个赠品大礼包，来几波甜蜜轰炸，相信客户很快就会心满意足，顺利签单。

第 *4* 章

说买点 1：讲了什么不重要，客户听了才重要

　　要想达成交易，不仅要找到客户的"买点"，还要准确把"买点"传递给客户，让客户接受这些"买点"。而要做到这一点，就需要精准对接用户需求，让用户觉得"这正是我需要的"，而后与客户沟通并满足客户的其他需求。

4.1 销售产品前，先销售自己

【销售案例1】

小王是一家装修公司的推销员，刚刚踏入工作岗位，常常因为销售经验以及工作准备不足，而误失了很多客户。下面就是他与客户第一次见面的过程。

小王："您好，很高兴见到您。"

客户："你好，请问你是？"

小王："我是王强，您就叫我小王。我昨天致电您的助理，了解到您今天下午三点有时间，所以特意前来拜访您。"

客户："你来找我有什么要紧事儿吗？"

小王："李总，我今天是有心来拜访您，咱先不谈工作上的事儿，你的办公室真是高雅大方，一看您就是品位不凡的人。"

客户："我现在正忙着呢，有事儿说事儿吧，你找我到底有什么事儿啊？"

小王仍然没有看出客户的不耐烦，依然与客户东拉西扯，没有进入销售主题，而客户终于耐心耗尽，忍无可忍，直接向小王下了送客令。

客户："我知道了，我现在真的很忙，暂时没有时间处理你的事情，等我有空时再联系你吧，你请便。"

小王这一单，不仅白跑了一趟，错失了订单，还在客户心中留下了负面印象，为后续客户关系维持造成了负面影响。

在另一场客户拜访中，公司派遣了久经沙场的销售老手老张，老张一出马，果然不同凡响，三言两语就与客户愉快的攀谈起来，交流完毕客户立马下了定金。下面是老张与客户的见面过程。

【销售案例2】

老张在约定前十分钟到达客户办公室，整理了一下仪表，静候客户。

客户到来，老张："李总，您好！感谢您百忙之中抽出时间来接待我，真是荣幸！"

客户："不好意思，最近比较忙，让你久等了！"

老张："刚刚我正好参观了一下您办公室的装修，简洁而不失风韵，一看您就是一位工作与生活并重的人。"

老张："我是小张，您的私人装修顾问，这是我的名片，还请您多指教。听说您有新厂房和办公室需要装修？"

客户："我们的确有几个新厂房的办公室需要装修。"

老张："李总，您以前接触过我们公司吗？我们公司是目前国内首屈一指的为客户提供个性化装修服务的装修公司。我了解到现在很多企业都想寻找一家性价比高，同时装修风格又能符合企业文化特征的装修公司。您作为企业的负责人，肯定考虑挑选最合理的方案，并同时满足风格与性价比。"

客户："不错，这正是我所考虑的，想必你是有备而来，说说你的方案吧！"

老张面带微笑，风轻云淡地与李总交流起具体方案。

【深入思考】

1. 小王输在哪里？老张赢在哪里？
2. 第一次见客户，如何一语中的，一次成功？
3. 在老张的销售场景中，有哪些地方值得我们学习借鉴？

【销售分析】

一、小王输在哪里？老张赢在哪里？

从上面的销售中，我们知道小王与老张都是第一次拜访客户。为什么小王被下送客令，而老张能让客户下定金呢？

关键点在于老张在开场白中，能够单刀直入，一句寒暄之后直击买点。

在小王与客户的销售场景中，小王与客户攀谈半天，仍然让客户觉得不知所云。俗话讲"话不投机半句多"，小王没有意识到场面的尴尬，仍然自顾自地与客户"寒暄"，将客户耐心耗尽，被客户下送客令也是在情理之中。

而在老张与客户的销售场景中，老张的销售风格则显得干练许多，简单寒暄之后，直击买点，让客户明晰此次拜访的目的，为后续交流做铺垫；然后深挖买点，让销售方案精准对接用户需求，让用户觉得"这正是我需要的"；最后与客户沟通并满足客户的其他需求，达成交易。

从上面两个销售案例中可见，一个优质的开场白是打赢销售攻坚战的前提。如果客户连交流下去的兴趣都没有，又谈何成交呢？

二、在老张的销售场景中，有哪些地方值得我们学习借鉴？

在销售过程中，销售员需要进行暖场，但暖场时间要压缩到最少。如果一句话就能够调动氛围，留下初步好印象，就不要说两句话。暖场后，销售员应迅速切换到交流核心——说买点。

毕竟，买点才是客户痛点、需求点、最关心的关键点。如果销售员的寒暄之词像旧社会女人的裹脚布一样又臭又长，反而会让客户生厌，丧失听下去的理由。请记住：你说了什么并不重要，客户能听进去什么才重要。

三、第一次见客户，如何最大可能一次成功？

那么，销售员第一次见客户，应该怎么说，才能最大可能一次成功呢？需要注意以下三点。

1.30 秒黄金介绍

初见客户，自我介绍是必不可少的。很多销售员会这样进行自我介绍："你好，我是 ×× 公司的业务代表 ××，我今天是为 ×× 事情前来拜访您。"

这样的介绍方式并非不可以，只是过于中规中矩，不能给人眼前一亮的感觉。所以，缺乏亮点的自我介绍，也难以让销售员给客户留下深刻的印象。

如果销售员能够抓住黄金 30 秒，进行自我介绍，效果则会大不一样。什么是黄金 30 秒呢？

就是销售员递给客户名片之后的 30 秒，客户听取销售员讲话内容的兴趣度最高。

因此，能否用这 30 秒的时间抓住用户的心，成为衡量一场销售成功与否的重要指标。如果销售员能够用这 30 秒勾起客户的兴趣，后续交流将会顺畅许多；如果这 30 秒的交流充满尴尬，这次推销活动极可能就此败北。

所以，这 30 秒的重要性不言而喻。销售员应该如何抓住这 30 秒，打个漂亮的攻坚战呢？

在这 30 秒里，销售员需要站在客户角度，找准买点后说买点。买点就是重点，就是核心。说买点引发客户兴趣，激起客户购买欲。

销售员千万不要繁文缛节说一大堆，却都没说到点子上。毕竟客户都很繁忙，每天事物千头万绪，哪还有心思透过销售员的冗长铺垫找重点呢？叨叨不清只会让人觉得像青蛙一样聒噪烦心。

销售员想一次就获得胜利的果实，正确的做法是在拜访客户前，就提前准备好让人眼前一亮的特色自我介绍，递给客户名片的同时开始自我介绍，引起客户的兴趣，并在客户心中留下深刻的印象。

比如，销售员可以这样介绍自己："李总，您好，我是王紫薇，我像紫薇花一样外柔内刚，充满干劲。李总，你就是我在大明湖畔等候多年的签约客户吗？很荣幸认识您，这是我的名片。"

当销售员这样介绍自己时，客户很容易被逗笑。客户笑了，往往心理防备就扔掉了。有趣的自我介绍不仅能卸掉客户心理防备，还能在客户心中留下深刻的印象，令人心生好感，过目难忘。

如果销售员想一次拜访成功，就一定要抓住这黄金 30 秒。销售员在平时就需要多积累简洁但有趣的自我介绍方法，与客户交流时才能做到信手拈来，才能使后续谈话深入客户心里，并最终促成产品成交。

2. 三分钟直击主题

在第一步暖场活动完成后，销售员就需要单刀直入，直击主题。

毕竟暖场活动只是为销售员说买点做铺垫，推销买点才是双方交流的重中之重。在交流买点的过程中，销售员应该紧扣用户买点，避免过多谈论与买点无关的话题，交流应做到言简意赅，不要拖泥带水。

销售员可以适当向客户展示自己精湛的业务能力，有利于给客户留下专业优秀的好印象，进一步推动销售活动进行。

3. 提前准备好销售内容

提前准备好销售内容，并在别人的帮助下，反复演练拜访客户的场景，这是一个销售员的基本素养。在正式拜访之前，销售员一定要提前规划好与客户的交流内容，力求买点清晰，目标明确，条理一目了然。

销售员提前准备好销售内容有利于丰富谈话内容，提高谈话效率，提升销售的成功率。如果销售员准备不充分，很容易在谈话中出现冷场，给客户留下不专业的坏印象。

4. 打造干净整洁的外表形象

"第一印象很重要"，销售员千万不要还没开口，就被客户一票否决了。干净整洁的外在形象永远是加分项，能先入为主地令客户产生好感，如果销售员能获得客户的好感，后面的销售难题将会迎刃而解。

销售员打造干净整洁的外在形象有以下几个要求。

（1）衣着干净整洁，全身颜色搭配不得超过三种。

（2）上门拜访时，男销售员着西装为宜，女销售员着职业套装为宜。

（3）发型清爽干净。

（3）女销售员化淡妆为宜。

（4）言行举止落落大方。

在会见客户时，销售员的一言一行都是一张独特的名片。毕竟销售员所上门拜访的客户大多为社会精英，能见微知著，管中窥豹，洞察力极强。可能销售员不经意的一个小举动，就能在客户心中留下深刻的印象，甚至是贴上特有的标签。

在约见客户时，销售员应该尽量表现出落落大方的一面，不要畏畏缩缩。畏缩会让客户认为销售员胆小、不自信，甚至不专业，产品存在瑕疵，会成为销售过程中的一块绊脚石。

销售员应该事前就练习好每一个细节，真正会见客户时，才能做到厚积薄发，举手投足之间皆是优雅自信。

4.2 抛砖引玉，先聊聊客户感兴趣的事

【销售案例】

小王的朋友向他推荐了一位五星级酒店的董事长，这位董事长身价上亿，实力惊人。于是，小王准备前往拜访客户。

可这位董事长并没有买熟人的账，直接对小王说："你是想向我推销装修方案吧，×× 与我提起过，但我们公司一直都有稳定的合作商。"

小王："李总，您看看我的装修方案，一定是最适合您的。"

客户："我没有兴趣，你请回吧！"

小王："李总，我们都是生意人，我能向您请教一下，您是如何取得如今这巨大的成功的呢？"

李总："你想知道什么？"

小王："当初您为什么会选择投身于酒店行业？我们的年龄相差不大，您能取得如今的成功，实在令我敬佩。您是怎么做到的呢？"

小王发自内心的诚意与求知若渴的眼神，令李总颇为动容。李总冰冷的神情开始缓和，然后向小王讲述自己历经艰难，几番挣扎后的创业史。

随后小王又向李总请教了今后公司发展的目标与规划，以及对自己人生路途的建议，李总很热心为他一一答疑解惑。

两人仿佛相见恨晚，畅谈两个多小时，直到秘书进来拿文件，打断了

他们的谈话。

李总恍然回过神，喃喃自语道："我今天怎么跟你讲了这么多，我和我妻子都从未交流过这些。"

小王微笑起身，告别李总："李总，非常感谢您的信任，我受益匪浅。再见，我下次再来拜访您。"

半个月后，小王带上全新装修计划叩响了李总办公室的大门，李总见小王到来不胜欣喜，连忙走上前，与小王热情握手。

小王："感谢您的盛情，请您看一看我重新制订的计划书。"

这次李总将文件放在办公桌上，仔细看了一下，露出了欣喜的神情。

李总："简直完美，我自己都不能将方方面面都考虑到，真是完美，可以做范本了！"

小王："您过奖了，我尽心尽力去做罢了，哪会有您一半思虑周全呢？"

这次两人又坐下来，如遇知己般相谈甚欢，两人又聊了许久。

最后两人敲定五星级酒店的装修升级采用小王的装修方案，一旁的秘书表示家里的装修今后也会首先考虑小王的公司。

【深入思考】

1. 小王是如何转败为胜的？

2. 哪些话题是客户感兴趣的？

3. 如何点燃客户兴趣？

【销售分析】

在小王销售的案例场景中，我们可见原本小王的推销计划被客户拒绝，在小王即将失败的一瞬间，小王是如何绝地反击，转败为胜的呢？

关键点就在于小王用客户感兴趣的话题，点燃了客户的兴趣，激发了客户想进一步交流的欲望。

毕竟销售员讲了什么不重要，客户听进去了什么才重要。销售员能讲客户感兴趣、喜欢听的，客户才愿意听；如果销售员能抛砖引玉，用简单几句话引出客户喜欢的话题，然后以客户为主，销售员随声附和，往往就能走进客户的内心，获得客户信任，将有助于后面销售进程的推进。客户讲到兴奋之处，两人一拍即合也是常有的事。

那么，哪些话题是客户感兴趣的呢？

一、哪些话题是客户感兴趣的？

一般而言，下面这些话题可以有效激发用户的兴趣。

（1）提起客户的奋斗史，并向客户虚心求教；

（2）客户的兴趣爱好，比如运动、休闲、娱乐；

（3）客户的工作，客户所擅长的领域；

（4）客户的家庭情况，比如父母的健康情况，孩子的上学情况；

（5）时政热点，销售员可以订阅网络杂志，关注最新新闻，并与客户探讨；

（6）两人的共同点，比如同乡可以一起怀念家乡。

二、如何点燃客户兴趣？

知道客户的兴趣点之后，通过何种方式来点燃客户兴趣点更为巧妙呢？

1.找准买点，投其所好

客户购买商品是基于需求，找准消费需求，即找准买点，然后投其所好，更能打动用户。

有一位销售员推销一款旅行轿车，他引导客户从不同的角度观看车的款式，流线型车身设计，超大后备箱，宽敞座椅间距，长途旅行能有效减缓疲劳，他还拿出几位旅行网红爱好者的购买合同，以及他们沿途旅拍的风景，给客户参考。

很快，销售员与客户从购车价格、赠送物品谈到订购合同、后期保养。仅半个多小时，销售员就签下了一单四十多万的生意。

为什么一笔数额不小的生意，在这么短的时间内就谈成了呢？

因为销售员知道有意向购买该车的旅客，一定是热爱旅行的。社会上自驾游兴起，如果是一家四口外出旅游，需要大后备箱存放行李，两排座椅间最好是宽间距，如果一排座位后能放一张婴儿床，就更好了。

消除了客户的后顾之忧，销售员又拿出网红名人的购买记录，以及随拍风景照，进一步基于买点，刺激客户购买欲。

从上可见，该销售员推销的重点只有两个字——"旅行"。基于客户想购买旅行车的意愿，销售员就只针对买单进行说服，结果如愿成交。

同样是轿车，不同客户的买点各不一样。有的客户意向购买豪华轿车，首先会注重车的品牌知名度、车身设计、有哪些政要名人购买过此车。有的客户意向购买经济型轿车，首先会注意轿车的性价比，是否省油，折损大不大等因素。

销售员在向客户推荐商品时，需要根据客户买点，投其所好，采用不同的销售术语，打动客户。

2. 与客户聊聊共同话题

销售员初次拜访客户，适当寒暄是必不可少的。如果销售员采用提问的方式与客户交流，就能轻松捕捉到客户的买点所在。

比如入门拜访客户，看见客户家里的狗狗，销售员就可以问："您很喜欢狗狗吧？""最近举办了一场宠物运动赛，您看了没有？"

如果看见办公室桌台上的绿植、墙角里的自行车、围棋等都可以拿来做话题引入。除此以外，天气状况、时政热点也是切入点。如果销售员抛出问题之后，客户毫无兴趣，场面就会非常尴尬。所以，销售员在平时做好素材积累，全面扩宽视野的宽度与广度，非常重要。

3. 借助细节调起客户兴趣

有的客户在选购商品时，自己也不知道商品是否适合自己，这时就需要销售员大展身手了。

销售员需要极尽全面地为客户讲解商品的使用性能、商品特征与优势、让客户对商品有一个初步了解，做到心中有数；然后销售员需要告诉客户，购买该商品后能享受什么便利，得到什么好处，生活与工作能够得到哪些改善。这些答案在客户脑海中形成后，交易就会呈现出好意向。

当销售员介绍超薄液晶电视时，千万不要强烈拍打屏幕，也不要胡按一通遥控。正确的方法是轻按遥控开关，小心翼翼抚摸电视表面，让客户觉得：这件商品一定很珍贵。

不经意间一个小细节的暗示，就能在不知不觉中让客户感受到商品的价值，而这种感受一旦形成，就很难更改，将有力推动推销进程。

除此以外，更常见的营销手段就是将商品包装得精美奢华，以此向客户暗示商品的价值。

4.3 用数据说话，让客户把心放下

【销售场景1】

销售员小王，前往一家餐馆推销粮油米面。到达餐馆后，小王与老板的沟通如下。

小王："大哥，我这里有上好的大米，还有精制酱油，您需要多少？"

客户："大米来五袋吧，酱油家里还有，暂时不需要了。"

小王："大哥，你看这酱油是我们店里最畅销的单品，一直卖得特别火，我特意为您留了一箱呢！"

客户："来几袋大米就可以了，餐馆里还有一箱，够用了。等吃完了再找你买新鲜的。"

小王："大哥，你就进一箱酱油吧，酱油用起来快，上个月进的一打，不都快要用完了吗？"

客户："我现在真的不需要。"

小王："大哥，你真的需要来一箱。"

客户："好了，我有事去忙了，你请自便。"

【销售场景 2】

小王的同事小张，在一家星级酒店推销粮米油盐时，是这样与负责人沟通的。

小张："您好，请问李厨师长在吗？"

客户："我就是，请问你是哪位？"

小张："我是小张，××公司业务部的，感谢贵公司过去一直以来对我们的厚爱，今天致电给您是因为贵公司一直使用的××牌酱油停止生产了。"

客户："那怎么办呢？我们一直用这个酱油，客户反馈很好，突然换了品牌，口味会不会改变，导致老顾客流失？"

小张："这一点您完全不用担心，厂家推出了两款新酱油，分别是 A 款 13 元一瓶，B 款 20 元一瓶，都传承了原有的美味，并且各有特点。A 款适合家常菜，B 款适合海鲜。"

客户："那就各来几瓶吧！"

小张："根据您过去的购买记录，贵公司每个月都会用一箱。我刚刚翻阅了一下贵公司美团与饿了么的点单记录，发现有三分之二的客户会选择海鲜风味，我就为您送两箱海鲜风味，一箱家常风味的酱油来，好吗？"

客户："好的，你比我自己考虑得还要全面。"

小张："这批酱油是新到的货，口感是最好的。三个月后，我再为您送下一批新货来。"

客户："好咧，就这么说定了。"

【深入思考】

1. 为什么小王被客户拒绝，而小张愉快成交了呢？两人的差距在哪里？

2. 让数据开口说话，需要注意哪些方面？

【销售解析】

一、是什么导致了小王失败和小张成功？

为什么小王会失败，而小张能一语中的，取得成功呢？

仔细观察，小王与小张都抓住了买点，即客户有购买酱油的需要。但是小王的话被客户抛之脑后，甚至心生厌烦，但小张的话却能引发客户兴趣，并取得客户信任。

那么，小张是如何取得客户信任，而小王为何会失去客户信任呢？

关键点在于小张懂得让数据开口说话。

在小张的销售场景中，小张用数据来说明客户所需要的商品数量，商品种类，不同种类各自需要的商品数量，从非常专业的角度为客户介绍新商品，消除了客户疑虑，提升了客户的信任度，促进了成交率的提升。所以，小张能够取得成功是水到渠成的事。

在小王的销售场景中，明显可见小王的谈话缺乏数据做支撑，底气不足。如果销售员只在口头上介绍商品的优势，没有数据支撑，在客户看来就如同口说无凭，客户如何相信？在客户心里，有理有据的说服更来得心服口服。

二、怎么进行数据销售？

那么，销售员用数据做销售时，应该要注意哪些方面呢？

1. 数据要真实准确

销售员引用数据的目的就是为了增强谈话的真实性，所以数据本身必须真实有效，不要胡乱编造莫须有的数据来欺骗客户，也不要故意夸大其词来构建"良好的营销效果"。

否则，用虚假数据欺骗客户，不仅会使自己的名誉受损，背上不诚信、不道德的坏名声，公司名誉与信用也会遭受影响，甚至会面临吃官司的风险。

在当今的企业运营中，很多企业都会通过大数据，为每一位客户建立客户资料卡，资料卡上可以显示客户每次商品的购买记录，以及客户的反馈情况。

所以，销售员在约见比较熟悉的客户，可以合理利用大数据分析。

在实际的销售环节中，很少有销售员会将客户的订单量、订单金额、订单时间、销售额、利润额一一计算清楚。因此，这里就存在一个缺口，如果销售员能够熟练掌握数据营销技能，就能在同类销售中脱颖而出。

当然，让数据开口说话只是销售成功的一个方面，最终成功取得与大数据的运用能力、公司领导的指导能力息息相关，但归根结底最重要的还是销售员自身的业务能力。

所以，销售员需要将基本功练好，将销售工作的每一个环节都做到位，再结合具体数据加以分析，才能事半功倍。

2. 拒绝"数字游戏"

销售员需要注意的是，引用数字进行销售是为了提升销售术语的可信度，最终是为销售工作服务。所以，引用数字需要分清主次，适当引用即可，不要罗列一大串数字，喧宾夺主，反而令客户感到枯燥乏味。有的客户对数字不敏感，引用一二即可，引用过多会让客户觉得销售员故意卖弄学问，玩数字游戏。

4.4　保证客户是在听你讲话的唯一方法——"提问"

【销售场景】

小王是一家轮胎厂的销售员，很想与 ×× 客运站建立长期稳定的合作，这次小王好不容易约到了 ×× 客运站采购部负责人，小王很珍惜这次机会。

由于采购部负责人酷爱戏剧，小王便约负责人在戏剧表演厅进行商务洽谈，销售场景如下。

小王："李总，您好！我是 ×× 轮胎厂的业务员小王。"

客户环视一圈周围环境，对小王挑选的约谈地址十分满意，脸上露出欣喜的笑容，笑语盈盈地与小王打招呼。

客户："你好，小王！"

小王看客户心情不错，便开门见山介绍此次约谈目的。

小王："我们公司是 ×× 市最大的轮胎生产公司，目前已经和 8 家大型客运站建立长期稳定的合作关系。我们有自己的轮胎生产公司、仓储公司以及物流系统。贵公司任何时候有轮胎更换需要，我们都能在第一时间解决问题。"

舞台上的戏剧已经开始，客户仿佛被戏剧勾了神，笑眯眯地看着台上，很显然小王的介绍他自然是没有听进去。小王犯难了，这该怎么办呢？突然他灵机一动改变销售战略。

小王："李总，需要我为你换一杯热茶吗？"

客户一激灵，猛然回头，发现自己忽略了小王，有些歉意。

客户："不需要，你接着说。"

小王："我能请教您一个问题吗？"

客户："当然可以，只要是我能回答的。"

小王："听闻贵公司有1000多辆客运车正在营运，是这样吗？"

客户："是的，目前我公司有1102辆客运车正在营运。"

小王："真是太厉害了！1000多辆客运车同时运营，免不了有一辆、两辆突发意外情况，比如轮胎破裂，在这种情况下，贵公司一般是怎样处理的呢？"

客户："一般就是司机联系附近修理厂，就近更换轮胎，然后找公司报销。"

小王："那可是一笔不小的费用！"

客户："是的，一个轮胎基本上800元起步，意外破损的轮胎，加上自然报废的轮胎，这样算起来一年可得花几十万！"

小王："那您是否想过开源节流？"

客户："你有好方法吗？"

小王："您是否想与这样一家公司合作，无论贵公司的客运车轮胎在何地破损，该公司都能第一时间赶过去为其更换，同时每一个轮胎只收费680元。"

客户开始将注意力从戏剧转移到谈话中，略微思考了一下。

客户："这样算来，一年也能省十几万。那你们公司轮胎质量如何呢？"

小王："质量自然是经得起检验的。您看这样，我先为贵公司申请几个试用轮胎。请贵公司先试用一下，觉得好，我们再谈合作，这样可以吗？"

客户："好啊，那麻烦你了。"

试用一周后，小王成功拿下这笔大单。

【深入思考】

1. 小王是如何转移客户注意力的？

2. 怎么保证客户在听销售员讲话？

【销售分析】

一、销售员小王是如何转移客户注意力的？

在销售场景中，小王为迎合客户喜好，而将商务约谈地点选在客户所喜爱的剧院。但似乎戏剧比商务约谈更有趣，客户不由自主就将注意力放在了戏剧上。那么，小王是如何将客户注意力一步步拉回到商务约谈会议上的呢？

在销售场景中，我们可以发现小王改变了谈话策略。将初始平铺直述的谈话方式改为提问式谈话。从"需要我为你换一杯热茶吗？"到"我为贵公司申请几个试用轮胎，可以吗？"小王通过一系列的问题，逐步诱导，将两人的沟通局面朝自己想要的方向推进。

有时客户注意力不集中并非是坏事，当客户被其他事情所感染时，客户内心世界往往比较平和自然，不会因为紧张而警惕，由此销售员也更容易打动客户。

二、销售员可以从哪些方面提问？

那么，销售员应该如何提问呢？

1. 请教式提问

请教式提问是试探客户想法的最好方式。请教式提问，顾名思义，就是销售员以婉转的语气，向客户请教问题。在客户意愿尚不明确的情况下，运用请教式提问能够避免被客户拒绝的尴尬。

比如，销售员想知道客户是否有购买意愿，可以这样请教客户："这件商品质量款式都不错吧，你觉得呢？"如果客户有意向购买，自然会给出正面评价；如果客户打消了购买意愿，也不会直接拒绝，使双方尴尬。

2. 启发式提问

在销售过程中，销售员掌握主动权至关重要。如何掌握谈话的主动权呢？就是不断向客户抛出启发性问题，循循善诱，促使客户进行思考，然后销售员从整体上控制谈判的方向，一步步实现自己的销售目的。

比如，客户想购买某一件名牌大衣，对于质量款式都很满意，觉得价格有些昂贵。销售员可以这样提问："您是喜欢款式好、做工精美的，还是质量差、手感粗糙的？""当然是质量好的。""是的，一分钱一分货，这件衣服还是物有所值的……"

3. 探讨式提问

销售员需要懂得与各式各样的人打交道，启发式提问可以适用于绝大多数人，但还有一部分人是天生的领导家，喜欢发号施令，掌握谈判的主动权，这时销售员应该怎么办呢？

采用探讨式提问是一个不错的选择。探讨式提问是以探讨协商的语气与客户沟通，销售员给出具体方案，由客户决定是否合适。如果不合适，将继续探讨下一方案。

比如，销售员发出邀约："你看明天来店体验合适吗？"

4. 二选一提问

二选一提问就是销售员给出两个方案，让客户选择一个。

生活中最常见的二选一提问就是"加鸡蛋提问"，两个各方面条件相当的快餐店，每个月的营业收入却大不相同，这是为什么呢？原因就在于鸡蛋销量的差距。具体而言，一位厨师问客户"你要不要鸡蛋？"另一位厨师问客户："你要一个鸡蛋，还是两个鸡蛋？"所以，在第二个快餐店用餐的客户基本上都会消费鸡蛋，日积月累，两个店的差距就出来了。

在销售实践中同样如此，比如与客户预约时，销售新手可能会说："您什么时候有空呢？"而经验丰富的销售老手则会说："我们是约在今天下午四点合适，还是明天九点合适？"

三、销售员必知的提问技巧

1. 巧妙开头法

普通的销售员在推销开头是不是会说："李总您好，我是 ×× 公司的小王，我今天过来是想向您介绍 ×× 产品……"这样的开头是不是索然无味？是不是没有让人继续听下去的欲望？

那么，销售员开头的正确打开方式是怎样的？

小王前往社区销售电锯，这样做的。销售场景：小王叩响大门，站在门前，很有礼貌问客户："请问您有高级的电锯吗？"客户怔了怔，羞愧地说："我没有高级的电锯，但我有一个普通的电锯。""没事的，我这里有一个高级的电锯。"这时，销售员小王从包里拿出一把新款电锯。客户当然对这把电锯产生了极大的兴趣，愉快地与小王攀谈起来。

2. 让客户一开始就说"是"

我们对某一事情的看法常常会有先入为主的心理，客户也是如此。如果客户一开始就对商品或谈话持肯定心理，这一心理将会有力推动后续谈话的进行；如果客户一开始就对商品或谈话心生厌倦，这一心理将会成为后续销售进程的绊脚石。

如何让客户一开始就说"是"呢？

销售员可以这样提问"提升贵公司的效率对公司而言，十分重要是吗？""您很想打响个人知名度是不是？""这款产品将能有力地帮助您打造个人品牌，是不是？"

就这样从第一个问题开始，到最后一个问题结束，让客户一路说"是"，销售员还怕不成功吗？

3. 激发客户的好奇心

销售员能否激发客户的好奇心，吊起客户胃口，决定了销售工作能否进一步推进。

平淡如白开水的销售语言，很难引起客户的兴趣，而一些小技巧的运用，销售场景就变得跌宕起伏。

比如销售场景中，销售员小王将一张小纸条递给采购经理，采购经理打开纸条一看，上面写着："请问您是××吗？我能请教您一个问题吗？"采购经理并不知道小王是谁，也不知小王要找他干什么，但纸条上的字充分激发了采购经理的好奇心，同时请教的口吻也满足了采购经理的好奇心，于是采购经理试着联系小王，一探究竟。

这时谈判主动权发生了转变，主动权由采购经理转移到小王手上，小王接下来通过多项引导，就能将谈话引向自己想要的方向。

当然，激发客户的好奇心只是吸引客户注意力的一种小技巧，并不是耍花招欺骗客户。销售员始终要坚持职业道德与做人准则，坚信美好的名誉是销售员无形的巨额财富。

4. 顺着客户思路谈话

销售员始终要坚持和客户保持同一立场，无论客户说什么，都要先认真听取客户见解，肯定客户看法，然后不失时机地接过话。

比如，客户说"这款产品看起来不错"，销售员可以借话答话"是的，我们这款产品是国际设计师设计的，贵公司引进这款产品，效率可提升 2 倍，您需要几台呢？"这么说，就能以客户为中心，紧贴客户话语，顺势引导，达成交易。

5. 刺猬心理

刺猬心理是销售员面对客户提出的问题，尤其是难题，不直接作答，而采用提问的方式将问题反弹给客户。

比如，客户问："我买下这套房子，你们销售员要拿不少提成吧！"这时销售员应该怎么回答呢？直接回答是有失偏颇的，正确的回答是将问题反弹回去。销售员反问："您很看重这套房子的中介服务费吗？"客户："不是，我只是不想额外多支付钱，毕竟我的钱都是用汗水换来的。"

对于这样的客户，销售员如果一味与客户纠缠服务费是否应该给，给多少，极有可能将自己推到河里去。很明显这样的客户就是不想支付服务费，可能在客户眼里，我们不过是聊天几句，怎么还需要我支付报酬呢？这时销售员需要告诉客户，服务费除了商业洽谈，还有后续产权登记，验房，协调其他商家等多项服务，提高客户对服务费的认知。

一般而言，销售员面对难以回答的难题时，提问比直接讲述效果要好。

总而言之，销售员想要客户将自己的话听进去，就需要善用提问。提问能设置悬念，引发客户兴趣；能循循善诱，掌握谈话主动权；能就地反弹，回避那些不可能解决的问题。

第 *5* 章

说买点2：用客户喜欢的方式，说客户喜欢听的话

为什么有的人总是能让我们感觉舒服？为什么有的人说话总是能让我们觉得琴瑟和鸣，相见恨晚？这是因为这些人擅长模仿。销售员掌握模仿之道就能与客户始终保持在同一立场，同一频道，同一调性，能够让客户不由自主地心生好感，能够与客户建立起足够多的亲和感，能够找到更多的共同话题。

5.1 用客户喜欢的方式说话

【销售场景】

由于直播行业火热兴起，童装店的销售员小王，准备开网络直播销售新领域。下面是小王网络直播的销售情景。

小王："亲爱的小朋友，大朋友们，我这里有好多漂亮的、帅气的衣服，大家来看一看哟！"

客户 1："我给闺女看一件冬天防寒的羽绒服，要厚一些的，我女儿怕冷。"

小王："羽绒服有很多，有小兔子，有小鹿的，有小猫的，还有红色，蓝色，黑色的。"

客户 1："黑色的不错，稍等，我喊我女儿过来看一看。"

小王随即在直播间播放了一首《小猪佩奇》主题歌，顿时快乐的氛围洋溢着整个直播间。

客户 2："叔叔，我想要小猫羽绒服。"

小王："好咧，喵喵喵。点击下方就可以购买哦。"

客户 3："叔叔，我不要黑色羽绒服，我也想要小猫羽绒服。"

客户 1："小猫羽绒服颜色太浅了，弄脏了难洗，宝贝，我们穿黑色羽绒服好不好。"

客户 3："不嘛，妈妈，我就想要小猫羽绒服。"

小王："这位妈妈，咱们千金难买孩子欢心，毕竟这衣服是买给孩子穿的。"

客户 1："这个我知道，但是小孩子你是知道的，几分钟就能弄脏一套衣服，羽绒服又实在难干，你说这能咋办？"

小王："我也是为人父母，太能感同身受了。您看这样，我这里还有黑色防水防油的儿童罩衣，您可以购买几件，套在孩子羽绒服外面，也不怕弄脏。而且儿童罩衣是超薄的，脱水后 30 分钟就能干。"

客户 1："那真是太好了！"

客户 1："和叔叔说再见！"

客户 3："叔叔再见！"

小王："可爱的小猫咪再见！喵喵喵，下次再来哟！"

【深入思考】

1. 为什么小王能销售成功？

2. 怎么用客户喜欢的方式说话？

【销售分析】

一、为什么小王能销售成功？

在上面的销售场景中，我们明显可见客户 1 与客户 3，即妈妈与女儿的购买意愿明显不一致，妈妈喜欢黑色羽绒服，孩子喜欢小猫咪羽绒服，妈妈看中商品实际，孩子重看中商品颜值。面对这两个诉求不一致的客户，小王是怎么做好双方协调的呢？

小王成功的核心技能就在于模仿。与孩子说话时，模仿孩子的言行举止；与妈妈说话时，模仿妈妈的调性，在取得孩子与妈妈的双方信任后，小王才求同存异，用两人都能接受的方案完美解决这个问题。

小王通过模仿来取得两人的信任是销售成功的关键。为什么有的人总是能让我们感觉舒服？为什么有的人说话总是能让我们觉得琴瑟和鸣，相见恨晚？这是因为这些人擅长模仿。

销售员掌握模仿之道就能与客户始终保持在同一立场，同一频道，同一调性，能够让客户不由自主心生好感，能够与客户建立起足够多的亲和感，能够找到更多共同话题。

二、怎么用客户喜欢的方式说话？

用客户喜欢的方式说话，就是要懂得模仿客户。那么，销售员应该如何模仿客户呢？

1.模仿客户的肢体语言

假设一个场景，如果一个人正悠闲坐在公园的长椅上纳凉，而一名销售员在不远处来回踱步，但眼睛直勾勾地望着纳凉人，此时，纳凉人心里会想什么？或多或少会有一些反感，并希望销售员走开些。如果这时销售员从不远处跑过来，要推销产品，纳凉人愿意接受吗？几乎是不可能的。

而另外一个场景，依然是一个人坐在公园的长椅上纳凉，这时一名销售员拿着扇子，端着酸梅汤，慢悠悠地走过来，打个招呼："老兄，我这里有把扇子，你需要吗？"这时纳凉人会对销售员的认可程度明显提高。

换位思考一下，如果销售员与客户探讨某一件事情，销售员讲到兴奋之处，手舞足蹈，喜不自禁，而客户表情淡淡的，几乎没有肢体语言，销售员同样会觉得客户对自己的话题不感兴趣。

如果销售员讲到兴奋之处，身体前倾，要迫不及待将某些事情讲给客户，而客户也愿意身体前倾，做出洗耳恭听的姿态，销售员同样会认为与客户很合拍。

可见，销售员想获得客户的好感，模仿客户肢体语言，让客户感觉合拍是很重要的。

肢体语言有很多种，包括站姿、坐姿、手势、表情。

如果客户的坐姿很随意，销售员也可以在建立初步信任感的基础上，随意而坐；如果客户的站姿很标准，一看就是军人出身，销售员也需要以昂首挺胸的姿态，严肃认真地回答每一个问题；如果客户喜欢借助手势表达自己的观点，销售员也可以用手势辅助表达，以此增强与客户的默契程度。

模仿客户是销售员需要掌握的看家本领，模仿得越像，获得客户好感就越快。

2. 模仿客户的语音语调

销售员模仿客户的语调，能够迅速激发客户在情绪上的共鸣。比如，销售员与说话连珠炮似的客户交谈，自己的言行举止也需要快速起来，销售员需要改掉自己缓缓道来的说话风格，加快自己的语速，加重重点词汇的语调，给客户以雷厉风行之感，这样客户便会认为销售员与自己处于同一调性，说话很投缘，很舒服轻松。

3. 模仿客户的口头禅

客户口头禅是客户价值观不经意间的凸显。根据客户的口头禅，销售员就能大致判断出客户风格调性，然后销售员适当模仿客户的口头禅，以及风格调性，暗示客户"我永远与你在同一立场"，客户对销售员的好感度会提升许多。

5.2 客户喜欢肯定的语言，不喜欢否定的语言

【销售场景】

小王是一名银行业务员。一天一位客户前往银行开户，按照往例，填写表格是开户的必经程序，但是这位客户认为太麻烦，不想填写表格，对于业务员小王的问题也是爱理不理。如果是其他业务员，可能会毫不客气地给客户下"通牒"，请客户照规矩办事。但是小王并不想直接与客户谈论规矩，而想从客户需求入手。

小王："您好，其实您面前的这些资料，也不是非填不可。"

客户："我就说嘛，填这些真是麻烦人，有什么用呢？"

小王："您将钱存在银行，钱越来越多，百年之后，如果您去世了，钱还没有花完，您会把钱留给孩子吗？"

客户："当然会！"

小王："到时候银行怎么联系您的家人呢？如果您现在将这些都写下来，让银行能够准确实现您的愿望，这是不是一个好办法？"

客户："当然是的！"

之后，客户很配合地将资料填好，还专门为孩子创建了一个账户。

【深入思考 】

1. 小王成功的关键点是什么?

2. 获得客户认同有多重要?

3. 销售员怎么获得客户的认同呢?

【销售分析 】

一、小王成功的关键点在哪里?

在销售场景中,客户不愿意填写资料,从而耽误了办理,业务员小王是怎么解决这一难题的呢?

小王没有像其他业务员一样下"通牒",而是通过步步引导,让客户不断回答"是的",顺理成章肯定银行的做法。客户最终填写资料是出于自己的需求,而不是银行规章的要求。

所以,小王成功的关键点在于擅于让客户说出肯定的语言。

二、获得客户认同有多重要?

1. 习惯决定一切

托德·邓肯是国际一流的销售大师,他的销售特点就是喜欢问客户,客户会回答"是的"的问题。

托德·邓肯曾做过一项实验,如果连续问一个人五个以上问题,这个人都一直回答"是",那么在接下来的问题询问中,这个人常常会回答"是",直至最终成功成交。基于这一惊人发现,托德·邓肯请教了一位资深心理专家,为他量身打造了一系列问题,帮助他在销售中让客户说"是"。而也正因为此,托德·邓肯一举成名,收获大批订单,并创下销售记录。

为什么会出现这一情况呢?在托德·邓肯请教心理专家后得知是惯性使然。如果客户在沟通的过程中一直说"是",后续交流中也会向肯定的方向上延伸；如果客户在沟通中的过程中经常说"不是"，客户可能会在此止步，并对销售员的专业性产生怀疑。这就像是打棒球，一棒将球击出容易，想让球原地返回就难了。

2. 向客户提问封闭式问题

封闭式问题与开放式问题相对应，开放式问题是指没有明确指向的问题，客户可以随心所欲回答。比如"您需要几台设备？""您什么时候有空？""您喜欢什么颜色？"开放式问题是日常生活中最常见的，开放式问题的答案也是五花八门。

前面讲过，在销售员与客户的交流中，最重要的就是引导。客户千奇百怪的答案很容易将话题引向不可掌控境地，若是后期销售员无力将话题拉回来，那此次销售可能以失败告终。所以为了避免这种风险，销售员需要在最开始就不断提问封闭式问题。

比如"给您预留5台设备，您看合适吗？""我们是约在周五上午呢，还是周末下午？""这款产品有活力红、可爱粉、商务蓝、土豪金四种颜色，您喜欢哪种？"

在封闭式问题中，无论客户怎么回答，最终结果都是在销售员可掌控的范围内。毕竟答案几乎都是可以预料到的，销售员完全可以提前做好充足准备。

比如，客户想买房子，销售员如果问："你买房子吗？"客户可能回答："我先看看，暂时还没打算买。"如果问："你想买大面积的，还是小面积的？"这样问，有购买需求的客户就无法拒绝。

俗话说"习惯成自然"，如果销售前期，客户一直在肯定，那么"肯定用语"的习惯养成后，后期可肯定产品或服务，最终达成交易，都是顺其自然的事情。

5.3 客户喜欢得到认同、信任，不喜欢被怀疑

【销售场景】

小王是电脑城的一名年轻销售员。电脑城新到了一批货，小王得知××公司可能需要，便约上经验丰富的老张，一起上门推销。

小王："李总，您好，我们电脑城新到了一批电脑，用它作图特别方便。"

客户："我们公司前年就是在你家公司买的电脑，现在用起来特别卡，打开一个网页都要等半天，我都拿去给看门大爷做登记记录去了！"

小王："不可能的，我们公司出售的电脑，质量肯定是过关的，我们公司一个月卖几百台，从来没有人像你这么说。"

这时老张拉了一下小王衣角，暗示小王不要再说了。

老张："李总，实在是不好意思，一定给您添了不少麻烦。您用的那一类型的电脑，我帮您看看可以吗？"

李总："可以。"

老张认真查看电脑的各个数据。

老张："李总，真是抱歉，我在贵公司电脑桌面上看到众多大容量软件，是我们公司后期服务不够，没有定期询问客户的使用情况，未能在第

一时间解决客户难题。"

客户："这没什么，每个人都有疏忽的时候。"

老张："是的，有您的体谅我们着实感动。李总，我刚刚把这台电脑里所有垃圾都清理了一遍，您试试会不会快一点？"

客户："果然快多了，还能再快一点吗？"

老张："当然可以。不过需要换一台电脑了，就是我手上这一台，画质清晰，流畅度高，非常适合贵公司。"

客户："画面是看着不错，那明天送3台过来吧！"

【深入思考】

1. 小王错在哪里？老张为什么能达成交易？

2. 哪些话销售员不能说？

3. 销售员应该如何获得客户认同？

【销售分析】

一、为什么老张能达成交易？

在销售场景中，同一家公司的销售员推销同一件产品，为什么小王招到客户拒绝，而老张却能成功达成交易呢？

究其原因，是小王的沟通方式出了问题。

销售场景中，客户表达了对产品的不喜欢，对于这一情况，小王与老张的反应大不相同。

小王听见客户"挑刺"，马上进入紧急备战状态，如临大敌，与客户的后续沟通中直接反击客户见解，坚决拥护自家产品，容不得他人说"不"；但是老张的反应则平稳许多，老张并没有直接驳斥客户意见，反而认同客户见解，在层层诱导下，老张获取了客户的信任，尔后才会对客户的负面评论做出解释，这样客户也乐于接受。

在两人的处理方式中，明显老张更胜一筹。

人们常说"萝卜青菜，各有所爱"，客户对产品有负面评价是再正常不过的事情。销售员切忌不可像小王一样，听见负面评价就如同惊弓之鸟，而应该学习老张的成功经验，按照"肯定用户观点——层层引导，获得客户信任——解释原委"的步骤，将客户的负面评价由大化小，由小化了。

销售员与客户争执是最愚蠢的做法，无论是争赢了还是输了，销售员都是丢了生意的输家。销售员需要明白客户喜欢得到认同、信任，不喜欢被猜疑、驳斥，所以销售员应该尽可能迎合客户心意，满足客户意愿。

二、哪些事销售员不能做？

在销售场景中，小王驳斥客户的话，险些丢掉生意。那么，在销售过程中，还有哪些禁忌是销售员需要注意避免的呢？主要有以下几点。

1. 不认真倾听客户讲话

很多销售员以为做销售就是将自己的产品夸得天花乱坠，实际上并非如此，销售的真谛在于"买点"，而不是"卖点"。所以，所有的销售活动都应该以买家为中心，围绕买家需求进行，而不是卖家（商品／服务）。

销售员通过倾听才能找到客户需求，知道客户为什么要购买这件产品，这款产品能够给客户带来哪些好处，客户购买产品存在哪些顾忌？如果销售员连这些基础信息都没有拿捏清楚，又谈何深入交流呢？

所以，销售员在倾听客户讲话时，一定要聚精会神，不可马虎，最好是准备一本笔记本，边听边记重点。

客户愿意说是好事情，客户愿意说出心中的想法，销售员才能找准病根，然后对症下药，用自己的专业知识为客户答疑解惑，保证药到病除。

2. 肆意猜测客户需求

客户喜欢什么，不喜欢什么，需要什么，担心什么，这些问题都应该从客户的语言、神情、动作里寻找答案，而不是凭空猜想。凭空猜想是自以为是的做法，只会招致客户反感。

3. 急于求成

很多销售员一见到客户，就迫不及待告诉客户自己的产品有多先进，设计有多时尚，欲将所有的产品信息全盘输出，效果却不尽如人意。

这是为什么呢？在双方没有任何信任基础的前提上，销售员就一顿信息轰炸，导致客户的紧张心理与戒备心理被激发，心理障碍墙被建立，无论后续销售员说什么，都被拒之墙外，说不进客户心里去。所以，销售员无论多么努力推销，都是徒劳无功。

4. 喧宾夺主

在客户群体中，部分是刚需用户，产品符合需求就会购买；还有一部分是非刚需用户，可买可不买。比如爱购物的女性，衣橱里永远差一件衣服，永远都有购买需求，也可以随时拒绝购买。对于这一部分客户群体，销售员应该如何迎合呢？

最有效的方式就是创造愉悦的购物氛围，不需要过于热情的招呼，不需要手舞足蹈、唾沫横飞的讲解，不需要一遍遍向客户强调"商品物美价廉，你快买"，只需要像她的私人小助手一样跟其身后，有需求随时满足，没有需求三缄其口，将客户换下的衣服整理好，将客户穿上的衣服夸几句"相称"，就够了。

俗话说，红花配绿叶，销售员要甘当绿叶，才能衬托客户惊艳盛放。

销售员要懂得什么时候该说，什么时候不该说，才能得到客户欢心。客户开心了，交易便达成了。

5.销售套路一成不变

千人有千面，有的客户精明果断，有的客户犹豫不决，有的客户注重品质与知名度，有的客户注重性价比，不同的客户性格特征、思维方式、购买能力各不相同，面对差异如此巨大的人群，怎么可能用同一套销售方式呢？

如果销售员因循守旧，不懂变通，对所有人使用相同的销售技巧，那将极有可能出现张冠李戴之事，令人贻笑大方。

所以，一方面销售员需要永葆谦虚学习进取的心态，不断获取新知识充实自身；另一方面要懂得察言观色，根据客户的微表情、微动作，就能窥见客户真实想法，从而对症下药。

6.无视消费预算

如何让月收入3000元的客户购买价值十万元的液晶电视？可能在招聘秀里会有无数种答案，但在现实生活中，这几乎是不可能的。

如果销售员不想费近半天口舌，眼看功到垂成，却因预算不够而打退堂鼓，那就需要在合适的时候，询问客户的购买预算。

一般而言，客户遇到自己真心喜欢的商品，都能接受一定范围内的浮动。所以，销售员需要根据日常经验以及客户意向来确定浮动额，然后向客户推荐最合适的产品。

7.忽略客户提出的问题

在商务洽谈中，客户经常会提出各式各样的问题。有的问题容易回答，销售员大多会当场作答，有的问题销售员也是一知半解，销售员可能当场敷衍一下，事后便忘了。

这样会存在一个很大的隐患，就是在客户心里，这个问题是没有被解决的，这种担忧也是持续存在的，并且会随着时间流逝，问题会在客户心里逐渐扩大。而问题在客户心中的严重程度又会侵蚀客户对销售员的信任与好感，到最后可能建立起来的信任大厦瞬间坍塌。

西方有一句谚语："丢失一颗钉子，坏了一只蹄铁；坏了一只蹄铁，折了一匹战马；折了一匹战马，伤了一位骑士；伤了一位骑士，输了一场战斗；输了一场战争，亡了一个帝国。"很多时候，失败就是由这样毫不起眼的小误差、小问题导致的。

所以，销售员一定要严以律己，时刻保持高度警惕性，务必将每一个误差都消除干净，将每一个问题都完美解决，坚决不给漏洞可乘之机。

三、哪些事情销售员应该做？

上文中讲述了这么多销售员禁止做的事情，销售员是否觉得自己无处安放，不知道该怎么办了？下面这方法则是销售路上的导航明灯，为销售员指引前进的方向，教销售员轻松攻破客户内心，快速成交。

1.15 秒内找到共同点

共同点是人们沟通交流的基础，有共同点的人像相逢多年的知己，总有用不完的默契，说不完的话；而没有共同点的人在一起讲话都觉得伤神费劲，如同鸡同鸭讲，对牛弹琴，往往词不达意，最终呈现"尬聊"局面。

建立共同点有助于销售员提升沟通效率，而有效沟通正是销售员的看家本领，无论销售员目前的沟通水平处于那个阶段，都可以通过下列找共同点的方式提升一二。

一是观察外在共同点，就是通过察言观色，观察一个人的衣着打扮、精神状态、言谈举止，从外在建立兴趣爱好等共同点。

二是交流寻找共同点，老乡、同学、战友都是强有力的纽带。

三是多渠道找共同点，比如向别人打听，或听别人介绍有哪些共同点。

2.熟悉产品，夯实基本功

熟悉产品是每一个销售的基本功，顶级销售一定是对产品的每一个细节都了如指掌，每一个特征都信手拈来，由此才能养成从容不迫的心态，对客户提问应对自如。

销售员不仅要熟悉自己的产品，还要熟悉关联产品。比如新能源汽车的销售，需要知道本市哪些地方有充电桩，卖家具的需要知道什么类型的床垫搭配更合适，这样相当于为客户提供了增值服务，客户的信任感也会显著提升。

3.深度挖掘客户的真实需求

有时客户不会将自己的真实需求完全袒露出来，这就需要销售员用心观察。比如，同样是销售冰箱，单位采购会更注重冰箱的容纳量、冰箱制冷效果，甚至冰箱中氟利昂对社会环境的破坏程度；个人采购会更注重冰箱的性价比，冰箱的用电量，以及冰箱的占地面积。

销售员找到客户的需求点，才能找到客户的兴趣点，才知道沟通工作从哪里下手。

4.准备一个压轴方案

什么是压轴方案？相当于最后的临门一脚，推动交易最终达成。

压轴方案对于犹豫不决的客户尤其适用，一般的压轴方案会采用"汉堡战略"，简而言之就是先根据客户需求，介绍卖点，等提起客户需求后，再公布产品价格，最后在原价格上送出一个大礼包，让客户有物超所值的感觉。

5.真诚地赞美客户

俗话说："赞美是不花钱的礼物。"谁不喜欢被赞美呢？赞美是披着糖果外衣的利器，能帮助销售员撬开心灵枷锁，走进客户内心。

总之，销售员需要根据客户需求，认同客户，信任客户，给足客户安全感，这样销售员与客户的心自然就近了。

5.4 客户喜欢你站在他们的立场上说话，而不是推给他们

【销售场景1】

小王："欢迎光临××珠宝店，请问您是看黄金还是钻石？"

客户："我就随便看一看。"

小王："您是自己佩戴还是送人呢？"

客户："我还没考虑好，我先逛一逛。"

小王："我们店到了一批新款，您来看看吧。这是铂金系列，是由国际知名设计师倾心打造，还获得了2019年度国际大奖，在北上广这样超级城市的中央商务区珠宝店，它们都是座上宾。这些都是昨天才到的新款，您可以试戴一下，才看得出来效果。"

客户挑选了几条项链，开始试戴。

客户："还不错。"

小王："我们的产品不仅款式好看，质量一流，价格也非常实惠，您脖子上的这条铂金项链，只需要5000元就可以带回家。"

客户："感觉一般，没有心动的感觉。"

小王："我们店里售卖的都是国际大品牌珠宝，无论设计、工艺还是

质量都是一流的。就拿您佩戴的项链来说，款式简洁大方，经久耐看，搭配任何衣服都合适。"

客户："是吗？在我看来也就一般般吧！"

客户已然对铂金饰品失去兴趣，转身欣赏其他柜台饰品。

小王："如果您不是很喜欢铂金的，我们这里还有很多种类，黄金、钻石、珍珠的都有。我帮您挑选一款最适合您的。您看这一条钻石项链，它是一体链的吊坠，水滴形的设计，看起来非常柔和、唯美。"

客户："还可以，没有特别惊艳的感觉。"

小王："您看这里还有好几款钻石，这里还有黄金饰品，您知道吗，黄金最保值了。您完全可以把购买饰品当作一种个人投资。"

客户："钻石项链是不是很贵？"

小王："这个您完全不用担心，钻石虽然昂贵，但这里大多数的钻石项链都是您能接受的。我来为您介绍一下，您手上的这款钻石项链，是由一颗主钻和 6 颗小钻石组成的。独特之处就在于主钻每间隔 15 秒就会旋转一圈儿，因此这款项链被命名为"会跳舞的小精灵"。您看还不错吧？"

客户："是挺亮眼的。"

客户放下钻石项链，转身去看黄金手镯了，很明显客户并没有想要购买的意思。销售员小王都不知道该说什么了，最后不出所料，客户只留下联系方式，并没有购买任何商品就离开了。

【深入思考】

1. 小王看起来很努力，为什么还是失败了？

2. 客户心里在乎的是什么？

【销售分析】

用客户喜欢的方式说话

在销售场景中，销售员小王很努力地为客户介绍产品，为什么客户依然毫无胃口呢？

这是因为销售员小王站错了立场。

俗话说："方向不对，努力白费。"销售过程是一个以取悦客户为主旋律的过程，取悦客户就意味着永远和客户保持同一立场，想客户之所想，做客户之所盼，帮客户之所需，永远站在客户的立场上说话，而不是将事情推给客户。

在销售场景中，销售员小王的确很努力，无论客户欣赏何种饰品，小王都会尽心尽力介绍。但小王介绍的内容是否被客户喜欢？答案是否定的。

想象一下，在上面的销售场景中，客户最喜欢听到什么样的话语？客户喜欢听到销售员夸赞自己青春靓丽、保养得宜、气质优雅等。如果销售员能将客户夸到心花怒放，神采奕奕，还愁卖不出去产品吗？

所以，回归到销售实践，销售员应该怎么夸赞呢？销售员要记住夸赞的对象永远是客户，而不是商品。

具体可以这样说："这条项链真适合您，让您高贵优雅的气质瞬间凸显出来了。""您戴上这条珍珠项链，看起来气色极好，真不像五十岁的人，倒像个三十出头的年轻人呢！""对的，就是这条项链，能让你分分钟成为CBD最靓的仔！"

简简单单几句话，就将客户带入了对未来生活的美好幻想中，让客户感知到产品给自己带来的额外增值服务。客户买得欢心，用得放心，如果价格也在自己可接受的范围内，怎么会拒绝呢？

所以，用客户喜欢的方式说话，说客户喜欢的话是每一位销售员需要一生修炼的本领。

【销售场景 2】

上次小王推销失败后，小王虚心请教了商场资深销售员老张，找出了原因，并对以后的销售工作做了一些准备。下面是小王提升后的销售场景。

小王："您好，欢迎光临××珠宝店，请问您是看黄金还是钻石？"

客户："我就随便逛一逛，你忙你的吧！"

小王："买不买没关系，您来了就是我们尊贵的客人。既然您逛一逛，那我就为您随便讲一讲吧。这里有很多款首饰，总有一款是你的心头好。您平时一般戴什么首饰呢？"

客户："日常生活中我就戴戒指，年底会出席一两次隆重场合，我一般会佩戴戒指、耳环、胸针、发卡等名贵首饰。"

小王："您有这么多首饰呢，真幸福啊！好美慕，您先生一定很疼爱您吧？"

客户莞尔一笑，没有回答，但脸上泛起了红晕，于是小王趁热打铁。

小王："这些首饰中，有没有您特别喜欢的呢？或者说，您是否想换个新款？"

客户："这倒没有，我平时也不太喜欢佩戴饰品。只是年底会有一些活动，俗话说'人靠金装马靠鞍'嘛，如果有合适的，我会提前准备一些饰品。"

小王："您真是太厉害了，爱情事业双丰收。我给您推荐一款耳环吧，这是我们店的新货，上面镶嵌了钻石，非常耀眼，我保证您戴上它您就是晚会中最闪亮的那颗星！"

客户："哈哈哈，那我岂不是要艳压全场了？"

小王："那必须的！"

此时客户脸上乐开了花，眼睛笑眯成一条线。

客户："那天晚会上，还会有很多大客户呢，我可不敢艳压全场。有没有品质好，但风格低调一些的？"

小王："当然有啦，您看这条珍珠项链，珠珠圆润有光泽，是上好佳品。同时它又不会像钻石一样闪闪发光，夺人眼球。看起来，这个颜色倒是很衬您的气质呢？您试一试吧！"

客户试戴了一下，效果不错。

小王："果然特别衬您，显得您气质温和，内外兼修，容易亲近。"

客户："这正是我想要的，给我包起来吧！"

【深入思考】

这一次小王是靠什么取胜的？

【销售分析】

一、站在客户的立场上说话

在销售场景里，小王与客户闲谈几句，就敲定了一单大生意，一切看起来风轻云淡，波澜不惊，与上一个销售场景里，小王被客户拒绝后不知所措的样子形成鲜明对比，是什么导致这一惊人转变呢？

仔细观察，就会发现小王的销售立场发生的转变，由"卖家立场"向"买家立场"转变。

在上一个场景里，销售工作围绕"卖点"进行，小王苦口婆心向客户推销卖点，即产品本身，包括产品性能、质量、价格、品牌等因素。

而在这一个销售场景里，销售工作围绕"买点"进行，即以客户需求为中心，场景中小王每一句话都在取悦客户，博客户欢心。

在当今社会，大部分产品的质量、性能等已经相差不大，市场上大多产品是供过于求，"买方市场"格局已经成熟。

销售工作是识时务者为俊杰，能够看清局势，提前占领买方市场的销售员才能拔得头筹。

二、怎么站在客户立场推广产品？

俗话说："看人说话，看菜吃饭。"销售员应该如何站在客户角度推广产品呢？具体而言，需要做好以下四个方面。

1. 让客户看到需求

销售员推荐产品时，须紧紧围绕用户需求。这就要求销售员要懂得在产品与买点之间建立关联点，比如产品能提高效率，能减轻劳动量，能变美变苗条……这些都是关联点，总之，销售员需要让客户看到产品能满足需求。

比如"你看这台新款跑步机，非常好上手，我敢保证你坚持锻炼一个月后，能够瘦五斤。""这一台洗碗机，洁净能力非常强，有了它，您就有更多时间辅导孩子功课了。""时间就是金钱啊，有了这台设备，无论白天还是黑夜，它都能不间歇生产，这可以省下多少劳务费啊！"

这一步，就是让客户感知到"我有购买的需求"。

2. 凸显连接点的独特性

销售员需要让客户看到"使用前"与"使用后"的明显区别，然后根据客户本身的风格特征，推荐最合适的产品。

比如"这三款项链都很精美呢！您看的一款是长款的，潮流风格设计，适合爱追风的年轻人，而这一款项链柔美优雅，将您修饰得分外迷人，我觉得这一款更适合您的气质呢！""您的皮肤非常白皙，我建议您还是选择象牙白的隔离霜，整体上看起来更协调。"

这一步，即让客户知道"这一款产品最适合我"。

3. 将"想要"变成"非要不可"

"选择困难症"似乎是很多年轻人的通病，如何让有购买需求，但犹豫不决的客户感知到自己非买不可呢？

这就要求销售员还要懂得讲危害，讲危害无疑是一道难题，难就难在危害尺度。

如果所讲的危害尺度恰如其分，能够敲响客户心中警钟，还能卖出产品，那就是一举两得；如果所讲的危害尺度过大，让客户整天担惊受怕，对客户造成负面心理压力，那就是得不偿失。

讲危害就是让客户意识到不购买产品所可能存在的风险。比如，让客户意识到不购买跑步机，客户的肥胖身材将一直伴随，而肥胖会增加心血管疾病的风险。再比如，让客户意识到不购买钻石项链，就难以在宴会上惊艳亮相。

讲危害相当于向客户适当施压，让客户意识到这次不买，将会错失的机会成本。

讲危害是一步险招，讲得好，帮助客户防范了未知风险，客户会感激不尽；讲得不好，则会招致客户反感。

所以，讲危害的方式只推荐给经验丰富，尺度拿捏得当的老销售员，而对于初入销售行业的新人，在临门一脚时，用一两个福利大礼包，对客户进行"甜蜜轰炸"，亦是一个不错的选择。

第 *6* 章

说买点3：产品卖点怎么讲，客户才会产生购买欲

　　客户货比三家怎么办？销售员不妨尝试反向对比法，与价格低的产品比质量、知名度；与大品牌出身的产品比实用性；与更优质的产品比性价比。对比销售，是销售员小王成功签单的金钥匙。有一句网络流行语叫"没有对比就没有伤害"，但在销售行业，我更想分享一句话"没有对比就没有优势"。

6.1 同类对比，你不比，客户不知道你到底好在哪里

【销售场景】

小王："李总，您好，我是 × × 医疗器械有限公司的小王，我们公司生产的这批核磁共振设备正是贵公司所需要的。"

客户："我们的确需要一批核磁共振设备，你们的产品有什么优势呢？"

小王："我们公司是与德国研发公司联合生产的，德国人做事的严谨作风您是知道的。我们设备的每一个细节都是精益求精，绝对是将误差点降到最小；而且我们的产品材料全部德国进口，用三十年都没问题。价格上非常实惠，基本三年就能回本了。"

客户："不错，不过刚刚有几个业务员来过，他们似乎更有优势，有的价格比你低，有的购买核磁共振设备就配备一个专业医疗服务人员指导使用半年。你的设备虽然不错，但是比起你的同行来，似乎他们的条件更加诱人啊。"

小王："您说的价格比我们低的产品，采用了 BioMatrix 技术吗？而您说的买设备就配备医疗服务人员指导半年，是否是因为仪器设计得过于复杂，而不易上手？我们公司的设备都是'傻瓜式'的，一看就懂，一学

就会。如果您确有需要，我可以帮您申请一名专业人员做指导，我相信贵公司的医疗人员不出一个星期就会使用了。"

客户："这个……我还真没有深问，待我对比一下，再联系你。"

两天之后，医疗机构的采购人员定下一笔大单。

【深入思考】

1. 销售员小王是如何实现反败为胜的？

2. 销售员应该如何对比产品？

【销售分析】

一、销售员小王是如何反败为胜的？

在销售场景中，客户已经和好几家同行洽谈过，那就难免会出现"货比三家"的情形，有的同行价格低，有的同行质量更优，有的同行知名度更大，面对竞争对手，如何让自己的产品脱颖而出呢？

销售情境中，小王采用了反向对比的方法。与价格低的产品比质量、知名度；与大品牌出身的产品比实用性；与更优质的产品比性价比。

同类对比销售，是销售员小王成功签单的金钥匙。

有一句网络流行语叫"没有对比就没有伤害"，但在销售行业，我更想分享一句话"没有对比就没有优势"。

销售员经常会遇到这样的问题"为什么你们家的产品比别人家的贵？""为什么别人家的形象代言人更红？""为什么别人家的销量更高？"客户似乎总有问不完的问题，比不完的同行。

从这些问题与比较中，我们可以看见客户越来越理性，购买商品会从款式、知名度、质量、实用性、价格等多种因素综合考虑。

二、怎么对比产品？

销售员应该从哪些方面对比产品呢？

1. 对比价格

销售过程中，销售员经常会碰到客户说"旁边几家比你便宜多了！"，这时销售员应该怎么回复呢？

这个问题看似比较价格，实际上还是在比较产品。毕竟市场上绝大多数同类产品，价格相差不大；如果价格差距很大，销售员需要找一找，产品质量上的不同。

比如，相同品牌，相似外表的羽绒服，可能有的是无缝设计，有的是普通设计，这些不易察觉的设计，会令两件羽绒服的保暖程度大不一样，当然两件羽绒服的价格也会不一样。

所以，当客户感叹"这也太贵了！××商家便宜好多！"时，销售员可以反问客户"他们家也是用的这一品牌吗？他们家也是这种设计吗？""他们的产品有什么功能与优势呢？"在客户回答后，销售员只需要根据客户的回答补充一二即可解围。

比如："你说的这些特点，我们产品都具备的。""我们产品还有以下优势……"

2. 对比品牌

有的客户会提出"××品牌更出名，价格相差不大，我为什么要选择你呢？"提出这些问题的客户往往是不懂行情的。比如，有的客户知道格力电器很好，便在买手机时也有意向选择格力。在看其他产品时，客户便会将格力手机与其作对比。

此时，销售员可以用专业知识告知客户："格力的主打产品是空调，您买空调选择格力我自然无话可说。但是买手机还是这几个品牌的手机更值得一买，无论是从手机质量还是从研发技术来看，都是手机界一流的。"销售员可以用专业知识征服客户，改变客户的购买意愿。

销售员对比品牌，需要从下面三个方面入手。

一是对比品牌的主打类型。很多大品牌商家在做大做强之后，都会发展一些衍生产业，而这部分产品却不一定像主打产品那样质量好，而客户可能基于品牌知名度产生购买意愿。面对这一类型的客户，销售员需要从所推销的产品质量入手。比如，客户可能看中了一款知名装修企业的抛瓷，并觉得价格合理，从而抗拒了销售员的大理石瓷砖。这时销售员可以向客户释明，然后告知客户："装修是一辈子的大事，一定要用好材料！我还是建议您采用大理石瓷砖，不仅档次高，耐磨性还好。"

二是对比产品的价格。销售员销售产品，客户以品牌不知名为由拒绝的，销售员可以"物美价廉"作为营销点，比如销售员可以说："我们产品质量高、设计时尚、价格实惠、选材优质，选我们品牌安全放心，所节省的钱都可以去香港旅游一次了。"

三是对比服务。销售员可以将服务作为切入点。用最柔和的微笑，最真诚的态度，最贴心的服务来打动客户。

三、销售中这些"雷区"需要避免

除此以外，销售员还需要注意避免销售工作中的"雷区"，小心才能驶得万年船。具体而言，销售员需要从以下几个方面避雷。

1. 不排挤同行

俗语说："我们不能通过吹灭别人的蜡烛使自己的蜡烛更亮。"在销售行业同样如此。

任何一个销售员都难以通过排挤同行来获得客户好感，排挤同行只会让客户觉得"狗咬狗"，从而拉低行业素养。

毕竟，对于高素养的客户而言，是不愿意听见任何未经调查取证就随便抹黑别人的信息；而对于部分较有心机的客户而言，是很愿意看见鹬蚌相争，尔后刺激销售员，坐收渔翁之利。

所以，无论是哪种情况，对于销售员而言，都是杀敌一千，自损八百的事情。

2.只谈事实，不谈感受

当同行爆出负面消息，而客户不知道时，销售员该怎么办呢？

三缄其口即可。

有的人可能会问，关于同行已经查证属实的负面消息，也不能让销售员知道吗？

是的，即使是查证属实的负面信息，从销售同行的口中说出来，听上去也带有几分攻击性，就像俗语说，看一个骂人时骂出来的内容，不能看出被骂人的品性，却能看出骂人者的品性。

3.守口如瓶是最好的选择

当客户主动问起同行的负面消息时，销售员该怎么办呢？

销售员可以这样回答："我对 ×× 品牌的了解并不是很多，我没有进店体验过，也没有在那里工作过，我只是最近在新闻上看到他们家的消息，据说是……"我是从一些新闻媒体上获得的消息，无法求证这个消息的真实性。

这样的回答，客观而公正，能够让客户肃然起敬，对销售员心生信赖，为后续的销售工作起到助推作用。

6.2　说症状，找准客户的"病根"

【销售场景】

小王是一家具厂的销售员，准备到一个高档小区上门推销几款高档家具，销售场景如下。

小王："先生，您好，我可以借一些水喝吗？"

客户："当然可以，请进来吧！"

小王："您的客厅真宽敞，如果在这里放一个橱柜，就更好了。"

客户："为什么这么说呢？"

小王："如果在这里添置橱柜，就可以将客厅与厨房一分为二，视觉上又多了一间房间，而且橱柜里可以放置很多东西，比如现在地上摆放的这些玩具，还有不适合小孩子玩的东西可以摆在高高的橱柜上。"

客户："乔迁新居时，我们也想过购买橱柜，最终还是放弃了。"

小王："为什么不购买呢？"

客户："我觉得不需要，我喜欢极简生活。"

小王："我是××家具厂的业务员，从我的专业角度来看，我认为您是需要一个橱柜的。您为什么放弃购买？是想打造南北贯通的家居生活，还是不想额外增加一笔开支？还是担心橱柜风格与整体装修风格不搭？还是担心孩子无意识摇晃橱柜，而导致橱柜上的物品掉下来砸伤孩子？还是担心橱柜边角磕碰到孩子？"

客户："是的，我们当时放弃购买的原因，就是担心橱柜边角磕碰到孩子，孩子的安全是最重要的，孩子的安全大于天。"

小王："这个您不用担心，我们公司有橱柜安装软胶，可以在边角处涂上一层。万一发生磕碰还能保护孩子。除此以外，我们公司还有边角处圆形设计的橱柜。"

一番交谈之后，客户心满意足地下了单。

【深入思考】

1. 销售员小王成功的秘诀是什么？

2. 怎么找准客户病根？

【销售分析】

一、销售员小王成功的秘诀是什么？

在销售产品中，客户以"不需要"为由拒绝了小王的销售推荐，并表达自己喜欢极简风格，这样的拒绝看起来似乎合情合理。殊不知，"不需要，喜欢极简风格"只是阻碍销售员推销的一层迷雾，销售员需要拨开迷雾找准客户真正病根。

那么，销售员如何寻找客户的真正病根呢？最佳方式就是说症状，有时客户也不知道自己是出于什么目的购买产品，或出于什么目的拒绝产品，这时就需要销售员为客户拨开迷雾，指点迷津。

销售员小王是怎样找到客户买点的？在销售产品中，客户提出以不需要为由拒绝，销售员小王就尽可能多地为客户说症状，客户可能就突然意识到自己的买点在哪里。

二、为什么要寻找痛点？

金牌销售员都会明白一个道理，问题推动销售进程。销售过程是一个不断发现问题和解决问题的过程，但可惜的是很多初级销售员并不知道如何寻找问题，这是他们销售工作上的最大阻碍，因为寻找问题，涉及最终如何把销售单做大做快。

痛点与问题不一样，问题主要指生活或工作中不能解决的问题。比如，家里的榨汁机坏了，不能榨果汁，这就是问题。

而痛苦是由问题产生的影响，比如家里的榨汁机坏了，孩子喝不上新鲜水果汁，食欲不振，日渐消瘦，父母因此而心痛，这就是痛点。

痛点源于问题，但未必有问题就有痛点。对于问题，一千个人有一千种看法，同一个问题，有的人觉得至关重要，有的人觉得我无所谓。而对于痛点，几乎是所有人的软肋，所以销售员在销售产品时，需要将产品卖给"痛苦"的人，而不是"有问题"的人。

销售员需要根据问题顺藤摸瓜，寻找痛点。问题可能带有迷惑性，有的问题看起来是个大问题，比如北极冰川融化。但实际上，这个大问题不会给普通大众带来多少痛苦，但有的问题看起来毫不起眼，却能给客户致命一击，后者才是客户选择购买商品的真正原因。

金无足赤，人无完人，每个人都存在问题。但并非每个人都愿意掏钱解决问题，只有当痛苦的积累值超过掏钱的心痛值，客户才会做出购买行动。

总之，销售员为什么要寻找痛点？就是因为问题会产生痛苦，痛苦会激发购买需求，购买需求会影响购买行为。

三、怎样去寻找痛点？

那么销售员需要如何去寻找痛点呢？

欧洲的一位金牌销售员说："在欧洲，对销售的认识就是关注客户的痛点。"具体而言，销售员需要从以下几个方面去寻找客户痛点。

1. 关注客户的客户

毋庸置疑，寻找客户痛点是销售工作中至关重要的一环。但是对于初入职场的销售新手而言，寻找痛点又谈何容易，销售新手往往分不清问题与痛点的区别，容易将自己设想为一个修理师，手中握着一把锤子，以为有钉子的地方就有问题，见到钉子就给一锤子，到最后左捶右捶将自己捶死了。

销售老手又喜欢投机取巧，将行业中普遍存在的问题看作是客户的问题，用千篇一律的解决模式帮助客户解决痛点。这一行为如同隔靴搔痒，不能真正解决客户痛点。

而顾问式销售员，大多会选择做调研来寻找痛点。比如在一个时间段里拜访多个客户，并与之交流找到痛点。这个方法表面上看起来很恰当，实际上中国人素有"见面三分情""伸手不打笑脸人"等传统观念，有的客户并不会将真实痛点告知销售员，最后的调研活动，也可能是竹篮打水——一场空。

那么销售员应该如何去寻找痛点呢？销售员不妨跳出固有思维，站在客户的客户角度来思考客户可能存在的痛点，这么做可能会事半功倍。

比如销售员设想一下，客户的客户最关注的点在哪里？客户的客户生活工作中会遇到哪些不开心的事，客户的客户常常抱怨哪些问题？客户的客户所抱怨的问题，一定是客户说头疼的问题，并想着力解决的问题，对此销售员可以以此为切入点，找到解决客户的客户的问题最佳方式，这样解决客户问题就水到渠成了。

2. 强化客户痛点

每个人都有自己的小幸福，每个人也有自己不为人知的痛苦。客户的购买需求源于痛苦，痛苦有多大，购买欲望就有多强烈，所以销售员与客户交流的过程中可以适当扩大客户的痛苦感，这样相当于强化客户的购买欲。

3. 相信每个人都有痛点

无论外在多么光鲜，幸福快乐，每个人都有痛点。认真观察就会发现以下几个特征。

（1）痛苦鞭笞人们前行。

（2）幸福的人千篇一律，不幸的人各有不同。

（3）不同客户、不同痛点可能来源于相同的问题。

（4）痛苦千变万化，千丝万缕，但这些痛苦之间也可能是有联系的。

6.3 讲故事，让客户感同身受

【销售场景】

小王是一家钻戒公司的销售员，他得知某一婚介机构即将为 20 对新人举办婚礼。于是他想方设法向婚介机构要到了 20 对新人的联系方式，约了一次别开生面的商务洽谈，销售场景如下。

客户到达商务会议室，要经过一条长长的走廊，而走廊是经过精心布置的，由春、夏、秋、冬四个场景依次连接。

小王："感谢大家来参加这次小区会议，缘分让你们相遇，缘分也让我们相遇。大家能分享一下你们相遇的美好故事吗？"

不少情侣踊跃讲述自己的情感经历。

小王："我相信在场的每一段感情都是纯洁、真诚、坚固的。我们公司生产了一款戒指，至诚至美，希望它能作为大家爱情的见证。"

客户："这枚戒指有什么特别的故事吗？"

小王："这枚戒指源自春夏秋冬系列，叫永恒。这枚戒指的名字源于一个动人的爱情故事。一对纯真的情侣，他们青梅竹马，两小无猜。在经历种种世俗挑战与磨难之后，他们依然握紧彼此的双手，从冬天的皑皑白雪，走向春天的繁花盛开，又从夏天的热烈浪漫，走向秋天的硕果累累。

这一路虽然漫长而遥远，但他们却情比金坚。终于有一天，男孩单膝跪地，含情脉脉地注视着女孩，握着女孩的手，为她套上一枚心仪已久的钻戒，这枚钻戒就叫永恒。这枚钻戒的寓意就是两心相许。"

这时，在场的很多情侣都沉浸在这个美好的爱情故事之中，久久不能言语。有的情侣相互拥抱，有的情侣热泪盈眶。

随后，他们在这枚钻戒中找到了属于他们的爱情故事，引起了感情的共鸣。之后小王对在场的男客户说："如果你爱她，就为她买同一款钻戒陪伴她，给她永恒的爱。"

这一次在场的男客户都没有拒绝，不少客户当场就签下订单，将戒指作为见证爱情的信物。

【深入思考】

1. 销售员小王成功签单的秘诀是什么？

2. 该怎样讲销售故事？

【销售分析】

销售员小王成功签单的秘诀是什么？

在销售场景中，销售员小王似乎不按套路出牌，并没有用传统的销售术语，没有与客户讲商品质量讨价还价，而是采取了讲故事的方式，并收获了不错的销售效果。

对于销售员而言，说是自己的看家本领，想要销售产品，就需要说服客户。说服客户也要讲究方式方法，不能强硬说服让客户感觉不舒服，最好采取润物细无声的方式，让客户自然而然地接受产品，而讲故事就是一个非常好的说服方式。

如果销售员能够讲出引人入胜的故事，并能将故事与产品灵活结合起来，就能让产品在客户心中留下深刻的印象，所以讲故事是让销售变得简单的一门独门秘诀。

任何一个金牌销售都是讲故事的大师。讲故事本身并不难，讲故事是一个金牌销售员必备技巧。销售员应该怎样为客户讲故事呢？一方面销售员要加大阅读量，多收集有趣的故事，并将故事分门别类，摘录下来，存储于大脑之中。当销售员需要时，再将故事运用到销售实际之中。

真正的销售高手都是讲故事的高手，销售员讲故事就是为客户构造了一个个生动有趣的情景，为客户描绘了更美好的效果。那么销售员怎样才能将故事讲得引人入胜，妙不可言呢？下面这几个技巧可以帮到销售员。

1. 贴合实际

销售员根据客户的年龄、工作、性别、购买产品的目的、所能接受的价位，再结合当时的场合，为客户量身定做一个专属的故事。销售员在编制故事时一定要尽量迎合客户喜好，不要让客户心生反感，以免弄巧成拙。

2. 细化情节

销售员讲故事就是要将客户带入到对未来美好幻想的情景之中，这种美好不仅可以用耳朵听，还能用心灵触摸。

比如在开头销售故事的场景里，如果客户所编制的故事女主角是坐在云彩之上，等他的心上人，身穿金甲圣衣，脚踏七彩祥云来娶她。这样的故事情节，客户可能会觉得不切实际。如果故事的内容是女主角，坐在唯美的秋千上静静摇晃，等她的白马王子缓缓而来。这样的故事情节，就很容易打动客户。

3. 懂得自嘲

销售员与客户聊到尽兴之处，销售员可以通过自嘲，简单描述一下自己所处的困境，来展示产品对自己的帮助。

比如销售员推销烤火炉，销售员可以这样说："我现在都还没有攒够钱买一台火炉，每天回家冻得直跺脚，简直冻成狗了，可狼狈了，睡觉盖三床被子还是不保暖，要是有一台火炉就好了。"

这样的自嘲可能会取得意想不到的效果。一方面，销售员将没有火炉的尴尬局面讲了出来，让客户产生心有灵犀的感觉；另一方面，自嘲相当于销售员主动放低姿态，让客户觉得销售员易于亲近，无形之中拉近了两者的距离。

4. 故事内容分主次

销售员讲故事是为了增加销售活动的趣味性，最后的落脚点依然在销售活动上，千万不要让故事的趣味性而忽略了故事里的产品信息。销售员需要合理把握讲故事的尺度，让故事为产品服务。

6.4　提供体验，千言万语不及亲身体验

【销售场景】

今日小王拿下一笔大单，欲邀请同事去海底捞吃火锅庆祝。在火锅店里发生的一系列事情让小王称赞不已，场景如下。

小王与同事走到海底捞火锅门口，小王感叹："队伍怎么这么长，等队伍的时间都够我打一盘王者荣耀了。"这时服务员毕恭毕敬递过来一个充电宝，并告知小王WiFi密码，祝他游戏愉快。

小王与同事闲谈时，余光瞄了一眼今日菜单，无意中感叹："这款肥牛卷看起来不错，如果用芭比娃娃盘子装起来就更好了！"就餐时，小王看见了用芭比娃娃盘子盛过来的牛肉卷，欣喜不已。

用餐期间内不时有服务人员过来加水，清理餐盘，给小王最贴心的服务。

最让小王意外的是，用餐完毕后，小王出门时发现车子已被清洗，焕然一新了，不用说这也是海底捞的一项增值服务。小王不禁感叹："过去总是听同事说海底捞的服务好，如今真是千言万语不及亲身体验，体验才知道是真正的好。"

【深入思考】

1. 为什么海底捞能征服小王?

2. 如何为客户提供体验?

【销售分析】

一、为什么海底捞能征服小王?

说起服务体验,很多人都会不由自主地想到海底捞的服务。即使是吃火锅也能全程享受管家式服务,而最令人发指的是不需要客户发出请求,服务员就好像有读心术一般,过来满足客户请求。

海底捞的成功经验同样值得销售员借鉴,销售的过程,也是讲究体验的。

虽然,销售行业并非完全属于服务行业,但是销售员在服务客户的过程中,也需要尽可能贴近客户需求,让客户掏钱掏得开开心心。

二、销售员如何为客户提供体验?

销售员所能为客户提供的体验可以分为两部分,产品体验与沟通体验。

1.产品体验

销售员为客户提供产品体验,需要坚持一个原则,就是只为客户推荐合适的产品,产品与客户的合适度决定了产品体验最后的结果。

在实际生活中,很多销售员都没有意识到产品体验这个概念。他们经常会站在自己的立场上,为客户一股脑地推荐产品,并希望客户大包大揽全部带走,自己获利最大化。

但这样真的能获利最大化吗?其实并非如此,因为没有任何一位客户心甘情愿去被动接受产品,即使客户一时被花言巧语所蒙蔽,下单购买产品，事后客户后悔，同样会退货退款。

所以销售员还需要保持一颗初心，站在客户的立场上，为客户推荐最适合的产品。产品好不好由客户来定，产品是否实用，看是否能满足客户需求。

如果销售员能够做到以客户为中心降低自身的功利心理，那么就很容易获得客户信任，因此也容易获得创造销售的机会。

2. 沟通体验

如何创造良好的沟通体验？

一是要创造舒缓的氛围，人们更愿意在轻松的氛围中放下警惕消除隔阂，敞开心扉，畅所欲言。

二是保持良好的形象，尤其是第一印象，销售员给客户留下一个好印象，对于后续销售工作的推进都大有裨益。

三是建立平等的沟通关系，客户更愿意在平等的关系中，讲实话讲真话。而对于上下级关系或者陌生关系，可能会用三言两语敷衍了之。

四是要注重客户感受，销售工作要时刻以客户为中心，站在客户的立场学会与客户共情，与客户感同身受，销售员切忌不可沉浸在自己的世界里自娱自乐。

五是练就扎实的基本功，销售员要尽可能地开阔眼界，博览群书，这样与任何类型的客户沟通时才能做到有话聊。谈话的内容最好是开放性的，而不是非黑即白等封闭性的问题。销售用语应该尽量温柔，贴近客户喜好。

第 7 章

说买点4："要什么，卖什么"，
而不是"有什么，卖什么"

钓鱼需用鱼饵，不是用你喜欢吃的，而是用鱼喜欢吃的。作为一名优秀的销售员，需要时刻以客户为中心，以客户需求为导向；需要时刻站在客户的立场上，从客户的只言片语中挖掘出深层次的消费需求。

7.1 你卖的不是东西，而是客户的需求

【销售场景】

一位阿姨前去集市上的水果店里购买葡萄，集市上有三家水果店。

到了第一家水果店，阿姨问："你们的葡萄怎么样？"

商贩1："我们的葡萄都是上好佳品，产自新疆，都是在果实成熟之后才采摘的，保证颗颗香甜，无酸果、涩果，你一定会喜欢。"

阿姨似乎并不满意，转身走向第二个水果店。

阿姨问："你们店里的葡萄怎么样？"

商贩2："我们店里有好几种葡萄，巨峰，夏黑，美人指，醉金香，你想要哪一种呢？"

阿姨："味道怎么样？我想要酸一点的。"

商贩2："这边儿的葡萄您看看，又大又圆，咬一口，能让人流口水，您尝尝。"

阿姨："哎呀，酸得我牙疼。来一盒吧！"

尝完葡萄，阿姨继续逛水果店，不一会儿，阿姨来到第三家水果店。

阿姨："你们店里的葡萄怎么样？"

商贩3："我们店里的葡萄当然没话说，您想要哪种葡萄？"

阿姨："我想要酸一点的，哪种葡萄更酸？"

商贩3："别人都喜欢吃甜的，您怎么喜欢吃酸的呢？"

阿姨："我媳妇怀孕了，最近总嚷着要吃酸葡萄，这不我就来了嘛！"

商贩3："原来是大喜事啊，那真是恭喜您了！"

阿姨："哈哈哈，那我得把她照顾好，给她把酸葡萄买回去。"

商贩3："怀孕的人吃酸葡萄，就这种最合适了。不仅口感好，还含有多种维生素，孕妇吃了后，宝宝眼睛明亮，头发乌黑，还特别聪明呢！"

阿姨听了高兴得前仰后合，脸上盛满了幸福的笑容。

阿姨："这么好，那就给我来几盒吧！"

商贩3："正巧我进了几条深海鱼，鱼肝油含量丰富，益智补脑的效果特别好，小区里东东家，每周都会买两条，现在东东才五岁，就会背三百多首古诗词了！"

阿姨："真的有这么神奇吗？那给我也来两条。"

商贩3："您真好！您的儿媳有这样的婆婆，孙子有这样的奶奶，真是好福气。"

商贩边装鱼打包，边继续推销。

商贩3："您儿媳妇吃完了，欢迎您再来。对了，我每周三和周末都会进货，我们留个联系方式吧，每次到了新鲜的货我就联系你。"

阿姨："好，那就有劳你了。"

阿姨付了钱，高兴离开。

【深入思考】

1. 为什么第一个商贩会销售失败，第二个商贩会小有收获，第三个商贩会大获全胜？三个商贩的销售差距在哪里？

2. 怎么售卖客户需求？

【销售分析】

一、三个商贩的销售差距在哪里？

在上面的销售场景中，都是阿姨前往水果店购买水果，但三位销售员对客户需求把握得不一样，最后的销售效果也大不一样。

第一位商贩推销商品时，过于想当然，将大多数客户的需求误认为是眼前这位客户的需求，而向阿姨推荐了错误商品，因此被客户拒绝，是情理之中的事。

第二位商贩推荐商品时，初步询问了客户需求，并为客户推荐了所需产品。通过对话，商贩知晓客户是前来购买酸葡萄，并且为客户推荐了酸葡萄，因此获得了客户认同，成功销售产品。

第三位商贩推荐商品时，初步询问了客户需求，还围绕客户需求深度挖掘，找出客户购买产品的深层次需求，从而开阔了一片消费蓝海。

通过对话，第三位商贩不仅知道阿姨有购买酸葡萄的需求，还知道阿姨购买酸葡萄是给怀孕的儿媳妇吃。第三位商贩就根据这一信息，顺藤摸瓜，打开了孕妇所需的消费市场，不仅仅取得了这一次的销售成功，还卖出了关联产品深海鱼，还为以后的销售打下基础。

第三个商贩的做法堪称教科书。从第三个商贩的做法中，我们可以看到，作为一名优秀的销售员，需要时刻以客户为中心，以客户需求为导向；需要时刻站在客户的立场上，从客户的只言片语中挖掘出深层次的消费需求。

当销售员找到客户深层次需求后，基于深层次需求推荐产品，会让客户觉得销售员是自己的小助手，而不是强卖，这样的销售才算成功。

有一句俗语说得不错："钓鱼需用鱼饵，不是用你喜欢吃的，而是用鱼喜欢吃的。"

客户的每一个购买行为，背后肯定隐藏着他的某种需求。他为什么来看你的产品？是因为物美，还是价廉？总之，你可能会猜想出无数个理由。有时，也许你能猜中，可有些购买动机可能根本不在你的猜想理由之中——不是因为价格、质量或者表面所提供的功能，那是什么呢？这需要客户来告诉你。

二、怎么售卖客户需求？

每一个购买行为的背后，都潜藏着一定的消费需求。客户为什么接受商务洽谈，是因为物美价廉，还是因为品牌响亮？

销售构成实际上就是一个发现需求、分析需求、满足需求的链条。一环扣一环，并且每一环之间都有顺序，不能乱排的。做销售就像打电话一样，只有每一个按键正确，才会连通客户的心灵之声。

具体而言，销售员需要做好以下几个环节。

1.控制情绪

俗话说："能控制情绪的女人，就能控制全世界。"在销售行业也是如此，良好的情绪管理，即情商，是销售成功的先决条件。

销售员需要随时保持积极向上的情绪，保持良好的职业修养，会见客户时更需要拿出百分百的热情。

2.构建信任

构建信任感是销售中至关重要的一步。俗话说："先做人，后做事。"销售产品之前，需要先销售自己，销售自己就是与客户搭建信任之桥的过程。

构建信任感可以从兴趣爱好、家长里短等话题入手，不建议一开始就聊比较晦涩的专业知识，在交流过程中，记得多赞美客户，多引导客户，这样很容易获取客户信任。

比如淘宝主播张大奕，不像其他主播一样四处张贴小广告，她像邻居家的大姐姐，与网友们闲话家常，或晒晒日常小生活。这位看起来不像销售的销售，一年的卖货收入竟高达1亿元。

3. 找到客户需求

销售员与客户搭建起信任之桥后，两个人谈话则具有了一定的默契基础。两个人在一起相处，会感觉非常轻松舒服。这个时候，销售员再询问客户需求，或通过层层诱导，找到客户深层次需求，不仅效率高，还不会招致客户反感。

4. 提出解决需求的方案

这里有一个小技巧，就是销售员在解决客户问题，需要巧妙地将产品价值、企业文化、个人荣誉等融入进去，这样会令客户更加信服，且愿意听取销售员的专业知识。

5. 消除客户所有疑虑

如果在成交前，客户对于买单一直都犹豫不决，这时销售员不能怂恿客户买单，而应问清楚客户还有哪些疑虑，并用自己的专业知识，帮助客户一一消除疑虑。

否则，客户心中疑虑不消除，下单后会反悔退货，反而增加不必要的麻烦。

6. 临门一脚促成交易

在客户所有疑虑消除之后，依然对于买单摇摆不定，这就需要销售员的临门一脚了。销售员要急促性、限制性提问，将客户的思维一步步缩小，最后聚焦在买单上。千万不要泛泛而谈，免得节外生枝，让客户转移了注意力，而不得不将所有销售流程重新走一遍。

除此以外，售后服务也是不可缺少的一个环节。销售员（公司）需要为客户提供完善的售后服务，及时妥善解决客户使用中可能遇见的各种问题，由此才能形成一个完整的销售链。

在一条完整的销售链条中，深度挖掘客户需求永远是重中之重，是做后续销售工作的导向，不仅如此，销售需求背后还有一大片蓝海以待开发。

7.2 "我完全同意您的意见"，让顾客由"拒绝"变为"接受"

【销售场景】

在采购部经理的会议室里，销售员小王正在推销一批新款空调。销售场景如下。

小王："李总，您看这是我们公司新生产的空调，制冷效果特别好，节能又省电，非常畅销……"

客户看了一眼，神情有些不悦。

客户："我知道这个牌子，是不是请的××明星做的产品代言人，我也是不懂你们的欣赏水平，那么多年轻漂亮、光彩照人的女演员不找，偏偏要找这么一个人老珠黄的。这还是十年前的明星吧，都过气了，你们还不如请××，她现在都进军好莱坞，都是国际巨星了！"

小王："我完全同意您的意见，您真是独具慧眼，等下次我们公司聘请形象代言人时，一定认真听取您的建议。"

客户不悦的神情消失了，脸上浮现些许笑容。

客户："那很有必要。我以前为一家维生素饮料公司推荐了一名代言人，请她做代言时还没红起来，做了代言之后，又出演了知名导演的电影，一下就火起来了，现在接一条代言都是以前的十几倍了！"

小王："太神奇了！这是真的吗？您也太厉害了吧，我实在太佩服了！"

客户："那是，我的眼光从来不会出错。十年前也是靠我这双眼睛找到了这个行业的风口，又找到了这批员工，才有了我今天的成就。"

客户说完，沉寂在自己小幸福之中。

小王："真美慕您，有自己的事业，还有一帮好员工。我可以请您用慧眼看看我们的空调质量如何，您是否同意？"

客户："当然，我瞧着还不错。"

小王："可惜空调代言人是一时半会儿不能变动了，咱也不管是谁代言的，管他黑猫白猫，抓到耗子的就是好猫，咱来看看空调怎么样。您看这款空调不仅继承了我们厂家空调节能省电、制冷性好等优点，还采用了自动清洁、纳米水离子、太阳能光伏、智能操控等五大新技术。"

客户将座椅向小王身边挪了挪，身体面向小王。

客户："是吗？什么是纳米水离子技术呢？"

……

客户的兴趣被激发后，两人相谈甚欢，最后小王用专业知识征服了客户，成功出售一批空调。

【深入思考】

1. 为什么对产品全无好感的客户，会转变观点，认可产品？

2. 销售员可以从哪些方面增强对客户的认同？

【销售分析】

一、为什么客户会从"不感兴趣"到"兴趣大增"？

在上面的销售场景中，客户对产品代言人持否定态度，对产品亦无好感，销售员小王是如何激发客户兴趣，令客户兴趣大增的呢？

我们可以看见，面对客户对产品代言人的挑剔，小王没有否决客户意见，没有无动于衷，而是直接肯定客户观点——"我完全同意您的观点"。

这一举动顾全了客户的颜面，给了客户展现自我机会，让客户身心愉悦，精神世界被满足，无疑也让客户对小王产生好感，为后续销售活动提供助推力。这一句话就打破了原本不太好的局面，开始向好的方向发展，为最后成功打下基础。

试想一下，如果销售员小王驳斥了客户的观点，又是怎样的局面？恐怕脾气暴的客户会当场将小王请出去，或者与小王争辩得面红耳赤，这样局面会进一步恶化，最后鸡飞蛋打，得不偿失就不值得了。

销售员与客户争执，销售员永远是输家，赢了，丢了生意；输了，生意、声誉全丢了。

所以，认可客户观点，同意客户意见才是销售员的生存之道。

二、认可客户才能打开生意大门

每个人都渴望被认可、被同意、被夸赞、被欣赏，这是人与生俱来的本性。作为销售员尤其要深谙这一销售之道。

想要获得客户认可，就先去认可客户；想要获得客户好感，就先对客户表现出好感；想让客户购买产品，就先欣赏客户的"产品"。

在销售实践中，销售员仔细观察便会发现，只要给足客户展示自我的机会，包括表达诉求、表达情绪、表达意见等，在客户的表现欲得到肯定之后，客户会很自然地对销售员心生好感。

在现实生活中，很多人生活得非常压抑，有很多想法不敢表达，或者知道表达会遭到拒绝而不愿表达，面对善解人意的销售员，忍不住一吐为快，此时销售员只需要做好认真聆听，扮演起"知心大哥哥或大姐姐"角色，全盘认可客户的观点，永远与客户保持同一战线，客户就会将销售员视为人生难得的知己。

如果销售员在客户表达情绪时，很较真地将客户的错误观点一一纠正过来，此时大部分客户都难以心生感激，反而会觉得心里不舒服，很窝火。在这种情况下，客户会对产品与销售员都心生失望，很可能会告知销售员："我们公司不需要你的产品，你回去吧！"

所以，无论是推销自己还是推销产品，销售员都需要尊重客户的表现心理，给足客户表现自我的机会，增强客户的认同感。

三、销售员怎么肯定客户？

销售员先向客户表示认同十分重要，具体而言，销售员可以从哪些方面认同客户呢？

1. 赞美客户

赞美客户是认同客户最简单、最直接的方式。

在购买产品前，客户可能有各种各样的心理活动。比如"我是否真的需要这件产品？""这件产品是否适合我？""这件产品是否真的物有所值，我会不会买贵了？""这家衣服会不会不够档次，出门掉面儿。"

即使如此，客户还是会忍不住尝试新产品，感受与过往产品不一样的感觉……

针对客户这一心理，销售员可以多夸赞客户，来强化客户的购买意识。从某种层面上而言，客户最终做出了何种购买决定，与销售员对客户在哪方面进行了肯定，两者之间是有很强关联的。

销售员可以从以下几方面认同客户：认同客户的价值观，认同客户主张，认同客户言行举止、风格调性等。

销售员人认同客户最简单的方式就是赞美客户，赞美是拉近心理距离的最有利途径。

2.虚心请教客户

销售员认同客户不仅应该表现在语言上，同样应该表现在行动上。比较简单有效的方式就是向客户请教。

销售员可以借请教之名，夸奖客户讲解透彻、事业成功等，这种方式比赤裸裸的夸奖更显真诚，比单纯的语言表达更能激发客户的表现欲望，更容易让客户感到愉悦。客户对销售员以及产品的好感度会更高。

3.以柔克刚

有的客户会有一些不能明说，或不愿直接表达的隐晦需求。这些需求隐藏在只言片语之中，不认真揣摩，很容易被忽略。有的需求即使是资深销售也难以把握，针对这一情况，销售员可以这样说，来引发客户共鸣。

"很高兴能获得您的信任，您告诉我的这些事情，我能理解。我相信无论是谁遇见这种情况，都会和您一样头疼。请您允许我提一个问题，您看这样是否合适？"

4.获取客户公司的必要信息

尽可能地收集客户信息，比如业务资料、财务报表、采购需求表、现金流量，就大致能估算出客户需要什么样的产品，除此以外，还能帮助销售员成功避雷，减少销售活动中不必要的障碍。

销售员在获取客户信息后，在销售交流时，要懂得将自己的产品与客户信息相结合。总之，认可客户观点、同意客户意见才是销售员的生存之道，是成功签单的法宝。

7.3 多谈产品的价值，尽量少谈产品的价格

【销售场景】

小王是一家衣柜制造厂的业务员，他得知某一个小区刚刚交房，购买衣柜的需求量很大，不少业主都想一起团购，小王想一定要拿下这个大单，下面是销售场景。

小王："欢迎你们的到来，请跟我来，这里都是最新款的衣柜。"

很快客户就看中了一款。

小王："我为您打开，您看，这里面的材质非常好，都是上等黄花梨。"

客户摸了摸木板，又敲了敲。

客户："木材是不错。"

小王："除了款式，您还有其他方面的要求吗？"

客户："功能性要求吧，我家里有两个孩子，希望一个衣柜可以满足两个孩子的需求。"

小王："根据您的这个要求，我给您推荐这一款衣柜。这款衣柜的特点就是大容量，装两个孩子的衣服完全没问题，这里还有很多小抽屉，可以用来放孩子玩具。对了，这款抽屉的设计非常灵活，是可以拆分的，几

乎适用于任何户型。"

客户："棒极了，这个衣柜多少钱呢？"

小王："只要您喜欢，价格都不是问题。我想请教您一下，您为什么会来买衣柜呢？"

客户："我搬迁了新房子，当然万事新了。"

小王："恭喜您的乔迁之喜！那您的新家是什么装修风格的？"

客户："北欧风格，比较清新自然的。"

小王："真巧，这款衣柜也是北欧风格，整体颜色是乳白色的，腰线上点缀些绿线条，看起来优雅又自然。您以前听说过我们品牌吗？"

客户："听说过，好像还上过央视广告呢？"

小王："您真是一个细心人，我们公司成立二十年了，曾获得……荣誉，这是我们公司以及这款衣柜的介绍。"

客户："这款衣柜到底多少钱呢？"

小王："这是一个联合柜，左边部分是……右边部分是……如果您一起购买，还可以优惠……"

客户："有点贵了，但看着还不错，实用性也比较强，就它了，刷卡吧。"

【深入思考】

1. 客户第一次询问价格时，销售员小王为什么不直接回答？

2. 销售员怎么与客户谈价值？

【销售分析】

一、小王为什么不直接回答价格?

在上面的销售场景中,客户在看中一款新衣柜后,就问起了价格,但此时销售员小王并没有直接回答,小王为什么要这么做呢?

实际上,小王这一单生意能获得成功的关键点就在于客户首次询问价格,小王没有直接回答,而将价格问题后延。小王的做法是先了解客户需求,然后根据客户需求谈产品价值,强化客户心中对产品的好感。

小王为什么要这么做?

原因很简单,客户看中的衣柜是新款,自然价格要略贵于其他普通衣柜。而客户尚未深入了解衣柜信息,就开始询问价格,说明客户对价格比较敏感。如果此时小王贸然说出价格,将讨价还价的阶段提前,客户很有可能难以接受价格,选择离开或大力压价,这都不是一个好结果。

小王采用"延后法"报价的方式,则可以提前将这一风险降到最低。小王先让客户认识到商品价值,在客户心中培养起对产品的初步好感之后,再谈价格,即使价格略高于普通商品,客户也会认为物有所值,对商品的接受程度会大幅提升。

多谈产品价值,少谈产品价格是销售员必知的销售之道。销售员想要赚钱,想要卖高价,就需要将这一定律练到炉火纯青。

想一想,价格最终是由什么决定的? 正是价值!

二、怎么与客户谈价值?

销售员应该尽量多谈产品价值,少谈产品价格。谈价值才能让客户意识到产品的优势,产品能给自己带来的利益,产品所能解决的问题,谈价值才能激发客户对产品的好感度与购买欲。客户的好感度越高,购买欲越强烈,客户对价格的接受程度就越高。

具体而言，销售员可以采用以下几种方式与客户谈价值。

1.T 图对比

T 图对比，就是在一张纸上画一个大大的 T 形图案，将 T 形图案分为左右两个区域，左边区域写产品优势，为客户带来的利益，能为客户解决的问题；右边区域写客户不愿意购买产品的原因与理由。

即使客户在右边区域写下几条否定意见，相信销售员也能用专业知识一一化解。毕竟，客户愿意参与到游戏之中，说明内心对产品还是有所向往的。

此时，左右两边会形成鲜明对比，左边区域的优势条件明显力压右边区域的否定条件，所有利弊都白纸黑字地摆在这里，客户哪还有拒绝的理由呢？

2.价格分解

在推销高价格产品时，销售员可以采用价格分解的方式，将高价格分解为每单位的低价格。比如，某油漆公司欲销售一款价格为 200 元的高档油漆，在销售初期因为价格过高而销量不好。销售员灵机一动，销售时就对客户说："这款油漆是无味无伤害的，即使是婴儿睡在刚刚刷过油漆的房间里，也不会受伤害。价格也不贵，每涂一平方米才 5 元。"在销售员价格分解的推销方式下，油漆很快售卖一空。

采用价格分解的方式，能够让客户直观感受到自己所付出的商品价格是合理、可接受的，能够有效减少客户对价格的敏感性。

3.销售员合理引导

当客户询问价格，而销售员又不好直接回答价格时，销售员可以从产品的功能、品质、服务、声誉等因素来谈价值；举例如下。

客户："真的太贵了！"

销售员："您认为我们产品贵在哪儿呢？"

客户："昨天××家的业务员承诺2900元一件产品，你们怎么要3000元呢？产品看上去是差不多的呀。"

销售员："您说得对，我们家的产品的确是比他们家的贵，您知道贵在哪里吗？一是贵在品牌，我们的产品是国际知名品牌，历经上亿家客户检验，是信得过的。二是贵在品质，您看这产品表面看起来大同小异，里面的材质与技术确实是大不相同。我们公司采用的是纳米技术，无缝焊接。三是贵在售后服务，我们公司在全国各地都有售后服务点，践行免费上门维修服务，非常便捷。您觉得这值一百块钱吗？"

总之，销售员谈生意，要多用"价值定律"，多谈产品价值，少谈产品价格，以价值刺激客户大脑，以价值赢得客户认可，以价值做好一切铺垫，之后再谈价格，客户更容易接受。

7.4 不说100%好，给自己留活口

【销售场景】

销售来源于生活，几千年前的销售故事如今仍带给我们启迪，销售场景如下。

楚国有一位"销售员"，以卖兵器为生。一天，这位卖兵器的人去市场上卖矛与盾。

市场上熙熙攘攘好多人，这位卖兵器的人开始展示他的盾有多么坚固。

卖兵器的人："大家快来看，我的盾是世界上最坚固的盾，无论多么尖锐的东西都不能刺穿它。"

紧接着，这个人又拿起一只矛，向众人展示。

卖兵器的人："大家看过来，我的矛是世界上最锋利的矛，无论多么坚硬的东西，都可以被它刺破。"

说完这些，卖兵器的人得意扬扬举起矛与盾，向大家招呼："大家快来买呀，世界上最锋利的矛与最结实的盾。"

这时人群里有一个人拿起商人的矛，又拿起他的盾，说："如果用你的矛去戳你的盾呢？"

众人哄堂大笑，不一会儿都散了，卖兵器的人也灰溜溜地走了。

【深入思考】

1. 为什么卖兵器的人会销售失败呢?

2. 销售员怎样保证说话"留活口"?

【销售分析】

一、为什么卖兵器的人会销售失败呢?

这个小故事的销售场景,大部分人并不陌生。场景里卖兵器的人为什么会销售失败,乃至被众人嘲笑呢?

这与销售话语过于绝对脱不了干系。

场景中销售员 100% 肯定自己的矛可以刺穿一切坚硬的东西,又 100% 肯定自己的盾不会被任何东西刺破,两者之间互相矛盾,闹出大笑话。

如果这位卖兵器的人说话不绝对,给自己留有余地,后果也不至于如此狼狈。

在销售工作中同样如此,说话留三分,是做人做事的智慧。

否则,说话过于绝对,即使不会像卖兵器的人一样当场被揭穿,也会为以后的工作留下隐患,招惹不必要的麻烦。

二、怎么保证说话"留活口"?

俗话说:"待人而留有余,不尽之恩礼。"销售员说话办事要圆滑一些,不要说绝对之话,不要轻易给客户承诺,为自己留一些余地,亦是给自己留一条后路。

销售员可以从以下几个方面为自己"留活口"。

1. 说话留有余地

人们对于绝对的东西,会有天生的排斥感。所以,越绝对,越完美无缺的,越容易引起他人挑剔。

因此销售员与客户交流时，也需要把握这一心理，就是对某一件事情有十足的把握，仍然要懂得留白，不可过于绝对，否则出现半点差错，都会处于非常被动的位置。

2. 谨慎说话办事

"想好了再说"是一种古老的智慧。在说任何话之前都需要再三思索，一旦说出口就需要信守承诺。销售员须时刻保持谨言慎行。

如果销售员说话夸大其词，做承诺不经过大脑思考，最后言而无信，不仅会辜负客户的信任，还会损害自己的声誉。无论何时何地，销售员都应该为自己"留活口"。

3. 说话要圆滑

谈吐是销售员的看家本领，怎么说更好听？怎么说客户更能接受？怎么说客户更愿意买？这都是销售员需要思考的问题。

销售员与客户谈话时，要记得说话不能直，不能让客户有冲撞之感。销售员讲话应该尽可能圆滑一些，为自己留有余地，从容不迫完成交易。

4. 说话有依据

说话办事都要有一个"度"，不能违背买卖双方约定，也不能违反人情伦理。如果销售员只顾自己侃大山，无视规矩，违背伦理，就很容易落下把柄，受制于人。

第 *8* 章

说买点5：问什么，怎么问，客户才会买

一个成功的销售必然在如何激发客户好奇心上，有着独到的见解。因为激发客户好奇心是引导客户一步步深入交谈的前置程序，是客户与产品或服务的链接点。可能一个问题就能勾起客户对于兴衰成败的回想，一句话就能唤醒记忆深处对于人情冷暖的感悟。简单的一个问题，所蕴含的能量却不小。

8.1 "能请教您一个问题吗？"

【销售场景】

初入公司的销售员小王，正在致电客户。恰巧客户此时比较忙，小王拨打几遍还是没有人接听电话。

看着电话没有人接听，小王就用电话号码添加了微信，好不容易收到客户回复："我正在工作，一会儿给你回复。"

小王依然不屈不挠，在与客户的微信聊天页面留了一大段文字，来介绍所推销商品的优势。

但这些话发出去依然石沉大海，没有收到客户任何回复。

原先这位客户购买欲望较强，为什么现在看上去似乎兴趣不大呢？小王自己也疑惑了。

小王向销售经理求教："经理，我已引牛到草地，它却不愿意吃草，这该怎么办呢？"

"牛不吃草不能强按头。"经理说道，"客户吃不吃草是他们自己的事，而你的任务是让他们觉得饥饿！"

小王："那怎么让客户感觉饥饿呢？"

经理："向客户提问，对客户说，我能请教你一个问题吗，客户的兴趣自然就来了。"

【深入思考】

1. 为什么销售员会被客户拒绝?

2. 经理的话能给我们哪些启示?

3. 销售员询问客户的正确方式有哪些?

【销售分析】

一、提问是激发客户兴趣的关键点

上面的销售场景中,在小王手足无措之际,经理的话令他茅塞顿开。的确如此,经理的话听上去像在开玩笑,却道出了销售的真谛——销售是一门不断发现新机会、不断激发客户兴趣的艺术。从第一次接触客户开始,销售员就需要不断思考如何才能吸引客户眼球,激发客户好奇心。

一个成功的销售必然在如何激发客户好奇上,有着独到的见解。因为激发客户好奇心是引导客户一步步深入交谈的前置程序,是客户与产品或服务的链接点。心怀好奇心的客户才会愿意参与到后续销售过程中,反之不然。

激发用户好奇心的最有效方式就是"提问",所以,销售员需要懂得如何运用"提问",来激发客户好奇心,获取客户注意力,最后赢得成功。

综上所述,可见小王销售失败的关键点就在于未能巧用"提问"来激发客户兴趣,客户对产品与服务一直处于置若罔闻的状态,令销售工作十分被动,令销售进程难以推进。

二、销售就是让客户自己觉得饥饿

在销售场景中，经理说了两个观点：一是让客户觉得自己"饥饿"，二是"牛不吃草不可强按头"。

经理之言见解深刻、鞭辟入里，给销售员上了一堂指点迷津课。

1.销售员需要让客户觉得"饥饿"

销售员需要通过一系列问题引导，吊起客户胃口，让客户觉得自己求知若渴，尔后一步步加以引导，才能轻松达到设定目标。

这也对销售员提出了新要求，销售员需要在销售战略上做出改变，适当摒弃用冗长的产品或服务介绍来激发客户兴趣，而采用提问方式激发客户兴趣。销售员在向客户提问的过程中，还会额外发现客户的新需求并提供商品的机会。

那么，销售员该如何通过提问激发客户兴趣呢？

这是一个技巧性问题。实际上，客户好奇心很容易被调动。销售员询问客户最简单的问题，比如："猜猜后来怎么样了？"大部分听到这句的人，都会停下手头上的事，问销售员："后来是什么情况？"

又或者："我能请教您一个问题吗？"如果对行走的路人说，路人通常会停下来，问："你想问什么？""有什么需要我的帮助吗？"

可见，在销售中获取客户注意力是关键，能否获得客户注意力决定了客户下一个行动是弃你而去，还是驻足停留，与销售员继续沟通。

除此以外，销售员还需要明白"牛不吃草不可强按头"的道理。

2.千万不可以让客户产生压迫感

在上文的销售场景中，能明显看出客户此时没时间或没心思接受访谈，销售员小王仍然不识趣，接二连三打扰客户，这就是"强按头"，不会揣测客户心意，不会观察销售氛围，小王失败也是情理之中的事。

销售员需要为客户创设轻松愉悦的环境，让客户放下心里的戒备，才能增强客户的信任感，才能让客户愿意听、愿意说。

如今微信、QQ等社交软件被越来越多的人所运用。以微信为例，如何使用微信与客户沟通，销售员众说纷纭。

有的销售员认为应该用微信语音功能，像打电话一样与客户联系，便捷高效又能节省话费。

有的销售员认为应该用微信视频功能，能够直观全面地与客户交流，还能根据客户面部表情的细微变化来推测客户心中所想。

还有驰骋销售战场多年的老销售，应该通过文字与客户沟通，如果客户没有及时回复，就需要留下强硬的留言，使客户迫于压力不得不回复。

微信、QQ等社交工具的广泛使用应该是为销售活动提供便利的。而这种便利，在销售员与客户的理解中却不相同。销售员认为自己便利就是便利；而客户也认为自己用着方便就是合适的。

比如，有的销售员喜欢发语音，以及语音通话、视频通话，这样就可以免除打字负担，一天下来能轻松不少，效率也会显著提升。

但客户往往更偏爱文字聊天，客户会认为发文字是对自己起码的尊重，语音可能出现翻译错误，让客户不知所云；语音通话、视频通话没有记录，会让客户有一种遗失感。但文字留言就不会出现以上问题，文字留言能够让客户的工作生活变得有弹性，客户可以在闲暇时回复，也可以在深入思考后回复。这样客户可以专心做手头上重要的事情，保证自己不被无关信息打扰。等到有空时一起回复，也不用担心某一重要信息会遗失，非常便捷。

3.提问有技巧

联系客户的最高境界就是让客户主动联系自己，如果销售员懂得巧妙提问，就能激起客户好奇心，在好奇心的驱使下，客户很可能会主动联系销售员，最后达成交易也是水到渠成的事。

销售员不仅会给陌生人打电话，给熟人打电话也是家常便饭。给熟人打电话比给陌生人打电话要容易许多，毕竟对客户的脾气、性格都有初步了解，但销售员还是不能掉以轻心，需要想方设法争取客户的时间与注意力。

销售员联系老客户，可以这样说："李总，您好，我是 ×× 公司的业务员 ×××，能向您请教一个问题吗？如果您方便的话，能否回一个电话？我今天直至晚上八点都在办公室里。"

李总会不会回电呢？一般而言是会回的。这种方式很亲和，还传达了想请教问题的紧迫性。

总之，采用"能请教您一个问题吗？"的提问方式，往往具有很强的诱惑性。

当然，在客户电话号码之前，销售员需要确信你所询问的问题是客户能回答的，最好是客户越说越高兴的。

比如："李总，对于 ×× 问题，您怎么看？""您是如何取得现在的这些成绩？""您摘获 ×× 桂冠后，感觉如何？"

这些问题，都能让客户觉得有话说，并且乐于说，这些提问对于销售进程也有很好的推动作用。

8.2 "请问您是一直做这个的吗？"

【销售案例】

饮水机推销员小王前去会见一位老总，这位老总腰缠万贯，相当富有。小王早上八点抵达这位老总的办公室，直至下午一点，两人相谈甚欢，相见恨晚，依然没有结束的意思。

实际上，这还是小王第一次会见这位老总。小王是如何做到自来熟的呢？

秘诀只有一句话——"请问您是一直做这个的吗？"销售情景如下。

小王："李总，您好，我是小王。"

客户："小王，你好，你今天过来有什么事儿呢？"

小王："我今天带来一款立式办公用智能饮水机，相比较传统饮水机，这款饮水机能够制冰和加热。李总，您想，在炎热的夏季，员工忙得大汗淋漓，如果能喝上一杯冰水，该多么畅快！还有加热功能，如果员工来不及吃早餐，用热水冲泡一些燕麦，早餐就解决了。"

李总："你的建议有些道理，但我们公司一直用的是传统饮水机，用习惯了也没什么不好。还有，年轻人就该吃点苦，冬天怕冷夏天怕热，成什么样子？当初我们创建这个公司时，什么苦没吃过。"

小王："您真是太不起了，白手起家成立公司，到公司壮大，直到现在上市。"

李总："没有，我就是比较踏实肯干罢了。"

李总口上谦虚，脸上却早已经喜形于色。

小王："请问您是一直做这个吗？"

李总："是的，我二十一岁大学毕业，我读书时还跳了一级。实际上，我从大二就开始尝试创业，就是做的现在这一行，那时候做起事来热血沸腾，将能做的事都做了，将能吃的苦都吃了。即使如此，创业路上也不是一帆风顺……"

就这样，客户的话匣子打开了，对于自己创业经历的波折起伏，成功与失败，经验与总结全都倾泻而出，一直谈到中午一点钟，秘书第三次提醒客户用餐时，客户才意犹未尽地与小王告别。从客户的表情上读出，客户对此很满意。

三天后，小王得到客户的致电，表示愿意为每一个办公室都配备一台饮水机，并说看到现在的年轻人，如同看见自己的孩子，自己走过的路，吃过的苦又何必让他们再吃一遍呢？如果配备一台冰热双用的饮水机，就能为员工生活带来这么大便利，自己又何乐而不为呢？

就这样，小王拿到了入职以来的最大一单。

【深入思考】

1. 小王靠什么取胜的？

2. 小王接下来该做什么？

【销售分析】

一、为什么小王会取得成功?

在上面的销售场景中,小王与客户的谈话,本来已经被客户婉拒了。是什么使两人的谈话死灰复燃,绝处逢生呢?

仔细推敲,这次推销的成功主要归功于一句话:"请问您是一直做这个吗?"

这句话能巧妙地将推销产品或服务转移到客户本身,使冷硬的推销变暖了、变活了。

没有谁的人生一帆风顺,对于成功人士而言尤其如此。"请问您是一直在做这个吗?"一句话就能勾起客户对于兴衰成败的回想,一句话就能唤醒记忆深处对于人情冷暖的感悟。简单一句话,所蕴含的能量却不小。

这样的一句话,可以让客户放下心中防备,打开心扉,将心中想法一一倾述。如果愿意将自己的奋斗史倾述,那说明客户将销售员当作可以推心置腹的朋友,此时,销售员只需要静听客户讲述,不时表示肯定,以获得客户好感,这样推销产品就游刃有余了。

二、还需要做哪些准备配合这句话?

虽然,销售员向客户提出关键问题"请问您是一直做这个吗",是反败为胜、决胜未来的重要环节,但销售进程的推进不能仅依靠这一句话,销售员还需要做好以下几个环节,才能相得益彰。

1.做客户最贴心的听众

当客户讲述自己的奋斗史时,销售员一定要表现出饶有兴致的样子,并不时用"是的,真厉害!后来怎么样了?嗯嗯,然后呢?原来这样!"等语言做出回应,让客户觉得销售员在认真听他讲述,绝不是敷衍。

销售员还须注意倾听时,尽量顺着客户的话与客户交流,不要另起话题，也不要打断客户的讲述，这是不礼貌的，也是被客户所厌弃的。打断客户的谈话，在客户看来这就是一种莫大的轻视与不尊重，客户感觉不被尊重，又谈何交易呢？

2. 保持头脑高速运转

根据科学研究，大部分人听话的接收速度通常是讲话速度的四倍。这就表示，如果销售员集中注意力倾听，客户的一句话尚未说完，或者一段话尚未完全说清楚，销售员就能从前面所言中推导出客户后面大概要表达的意思了。

即使如此，销售员还是不能马虎，必须时刻紧跟客户思绪，认真倾听客户所讲。毕竟，客户突然来个反转，或者来几句弦外之音，也不是不可能。

所以，销售员需要保持大脑高速运转，才能看清客户立场，听懂客户话外之语。

3. 尽量不要做小动作

销售员倾听客户讲述时，可以保持放松自然的姿态，但应尽量避免小动作，比如不要抓耳挠腮、不要打哈欠。

抓耳挠腮会让客户觉得销售员不能明白自己所讲，也就是自己所言是鸡同鸭讲、对牛谈琴。而打哈欠是对客户极大的不尊重。

换位思考，如果自己与旁人兴致勃勃聊天时，对面有两位听众，一位时不时发出令人难以忍受的声音，比如打哈欠、剪指甲、收拾东西、挠头皮；另一位听得津津有味，眼神之中都流露出深深的着迷，如果你是客户，会更喜欢哪个销售员呢？

答案是显然可见的。有时候，销售员一些不经意间的小举动自认为无足轻重，却令自己在客户心中的形象大打折扣。如果一个小举动令自己与客户的关系破裂，那就不值得了。

4. 认真倾听客户的弦外之音

成功人士之所以能够取得成功，一定是有自己的过人之处。很多成名的企业家喜欢将所传达的真实意图隐藏在某些词语之下，让人之后再读起来依然回味无穷。

然而现实中，很多销售员听得很认真，甚至边听边做笔录，但这部分销售员只在注意客户所表达的浅层意思，而话外之音却很难领略到。这就要求销售员在倾听客户讲话时，一定要充分利用好面对面交流的优势，在认真听讲的同时，时不时观察一眼客户的面部表情、肢体语言，然后结合神情、语气、动作、内容共同判断，找出客户的弦外之音。

5. 边听边做总结

在客户讲话时，销售员可以根据客户的谈话，概括出主要观点，这样做有诸多益处。一则可以让客户感知到销售员的确在认真听他讲话，能增强心中好感。二则销售员做总结也是对客户的反馈，如果出现错误理解能够当场纠正，从而避免词不达意的情况发生。三则对于有疑问的地方，销售员可以直接提问，从客户口中得到最准确的答案，这样做也无形中强化了销售员与客户的交流深度。

问什么，怎么问，客户才会购买，这是一门学问。以"请问你是一直做这个的吗"询问，是这门学问的重要一课。大部分客户都好为人师，喜欢指点江山、教育他人，那么销售员就要给客户这个机会，有意找出一些客户能回答，答案能增强客户幸福感与自豪感的问题，然后虚心求教，不耻下问，客户亦会为这种"爱学上进"的精神所打动，将内心想法倾囊而出。当客户开始主动交流时，你离胜利还会远吗？

8.3 "您是要A还是要B？"

【销售场景】

小王是一名基金公司的销售员，在每次月底的基金销售额评比中，小王总是能被选为金牌销售。小王是如何取得这一荣誉的呢？来看一个销售场景。

客户："你推荐的基金不错，但我现在手上没有闲钱，我将钱存为定期了。"

小王："您的储蓄什么时候到期？"

客户："今年年底。"

小王："现在距离年底还有半年的时间，我相信一眨眼的工夫就过去了。"

小王一边说一边将基金购买单拿出来，并填上客户的名字与地址。客户想伸手阻止，但小王完全没有想停止的意思，客户无奈妥协。

小王接着说："可以把您的身份证借一下吗？"

客户报了号码。

小王："基金您是想要一次性交，还是想按月交？"

客户："按月交吧。"

小王:"您是更注重基金的收益性还是风险性?"

客户:"收益性,不过一般基金的风险不大吧?"

小王:"基金是相对稳定的。你每个月投放1万元基金做投资,合适吗?"

客户:"那太多了,5000元就可以了。"

小王:"5000元的话,那您第1个月就可以收益260多块钱。"

客户:"那不错,比存活期划算多了。"

小王:"您是今天就支付第一笔基金吗?"

客户:"是的。"

【深入思考】

1. 小王是如何搞定交易的?

2. 2选1工作法需要注意什么?

【销售分析】

一、小王是如何搞定交易的?

在销售场景中,客户并没有购买基金的意向,并直接拒绝了小王。小王却能将这单生意起死回生,小王是怎么做的呢?

小王成功的秘诀就是采用2选1的方法。

比如场景中"基金是按月交还是一次性交?""您是注重基金的风险性还是收益性?"以这些问题作为诱饵,诱导客户一步步达到购买意图。2选1的精髓就在于销售员为客户提供两种选择,但无论怎么选择,对销售活动而言都是有利的。

比如销售场景中"您是按月交还是一次性交?""您是选择风险性基

金还是稳定性基金？"划定交流范围并将沟通范围缩小，客户就会不知不觉落入套中，选出我们想要的答案。

举一个我们耳熟能详的例子，有两家快餐店在同一场所做快餐，第 2 家店总比第一家店销量好，这是为什么呢？

原来是打鸡蛋时，第一家店的老板会问"你要不要鸡蛋？"

第二家的老板会问"你要一个鸡蛋还是两个鸡蛋？"

在第二种场景里，无论客户怎么回答，对于销售活动而言都是有利的。

二、2 选 1 工作法需要注意什么？

销售员采用 2 选 1 工作法需要注意以下几点。

1. 把握两个要点

一是销售员要对自己有信心，假设眼前的客户是已经成交的客户，销售过程中要保持胸有成竹的姿态；二是用正确的方式提问，比如"您是微信支付还是现金支付？""您是一次性交纳还是分期交纳？""你想买 A 款还是 B 款？"这样问无论客户怎样回答，都在销售员设计好的答案范围内，2 选 1 销售法在销售实践中效果非常好。

2. 仅仅 2 选 1

为什么仅仅 2 选 1，而不是 3 选 1，4 选 1 呢？这是因为答案过多会让客户眼花缭乱，云里雾里，抓不住重点。而 2 选 1 是最恰当的方式，能够给客户留下最深刻的印象，取得最好的销售效果。

但凡事有例外，比如在充值话费时，销售员会问您是充值 20 元、30 元、50 元还是 100 元？这时多选一题问法并不会为客户决策带来负面影响。

3. 把握 2 选 1 成交法的核心

2 选 1 成交法的核心是什么呢？这一点与第一点有相通的地方，核心就是相信客户已经成交。销售员与客户沟通时，潜意识里需要意识到这个客户已经被带到 2 选 1 的模式里，并采用轻松自然随和的方式提问，这样客户也容易放松警惕，积极配合，进而得出销售员想要的答案。如果销售员在交谈的过程中，潜意识里一直打退堂鼓"客户会相信我吗？""我怎么能用这样的术语说话呢？"销售员心中这样想，行动难免会畏畏缩缩，想法被客户一眼看穿，成交就难了。

8.4 "6+1"问题成交法

【销售场景】

小王是一家健身机构的教练，也是这家健身机构的金牌销售员。小王能成为金牌销售的秘诀就在于他擅长连续问客户6个问题，并且让客户给出6个肯定回答，然后在提第7个问题时，一举拿下客户。销售场景如下。

小王在本市客流量最大的CBD广场发传单，一位客户伸手接过传单。

小王："请问您是本地人吗？"

客户："是。"

小王："我在这个商场附近做一项关于健康的调研，我相信您对健康一定比较注重吧。"

客户："是的。"

小王："那您对运动及健身了解吗？"

客户："了解一些。"

小王："如果我们在您家里免费放一台跑步机，您每天早上晚上都可以运动放松，您愿意试试吗？"

客户："可以试试。"

小王："那我来为您介绍一下跑步机的具体使用方法，这样方便您使用，可以吗？"

客户："好的。"

小王："你只要登记这些信息，我们就可以为申请一台试用跑步机，在这里填一下联系方式。"

客户："好的。"

就这样在小王的精心诱导之下，客户不停点头表示肯定，直至最后不少客户都愿意掏钱购买一台价值上千元的跑步机。

【深入思考】

1. 小王成交的秘诀是什么？
2. 怎样使用 6+1 成交法？

【销售分析】

一、小王成交的秘诀是什么？

在销售产品中，小王的销售对象是一个陌生人，大部分人在第一次遇见别人推销产品时，都会有发自本能的反感。为什么小王能做到一举中第？

这是因为小王运用了 6+1 成交法。何为 6+1 成交法？销售员向客户连续不断问 6 个问题，并且可以预见客户 6 个问题答案都是"是"或者"好的"，然后客户就会形成习惯，在接下来的询问中不断给予肯定答案。6+1 成交法能够帮助销售员轻松搞定客户，是一种操作简单，同时又非常实用的销售技巧。

二、如何让客户一直肯定？

1.通过问题引导

中国有一句古话叫作三人成虎，简而言之就是第一个人对客户说有老虎，客户不信；第二个人对客户说有老虎，客户半信半疑；第3个人对客户说有老虎，客户可能就会深信不疑。一件不确定的事情，说的人多了，就容易被人们认为是事实。

虽然销售不是虚构事实的过程，但也是一个向客户传递信息的过程。如果销售员懂得设计一系列精巧的问题，让客户一直给予肯定的回答。那么在客户肯定6次之后，客户便会理所当然肯定第7次。

每个人都有依赖心理，如果客户之前的答案一直是肯定，那么客户在之后的答案很有可能放弃思考，给出肯定的答案，这样还怕销售不成功吗？

2.创造轻松愉悦的销售环境

随着80后,90后甚至00后消费人群异军突起，人们的消费观念发生了转变。不少消费者不再执着于性价比，反而看重消费的舒适性。

比如网购产品，包装不够精美的，会被消费者嫌弃；外卖产品，超时延时会被消费者嫌弃；实体店里环境不够优雅，店员不够热情，同样会被消费者嫌弃。所以，面对新一代的消费主力军，销售员要懂得为客户创造优质体验，让客户在轻松愉悦的氛围中洽谈。

具体而言，销售员如何为客户创造轻松愉悦的环境呢？首先销售员可以找一个客户感兴趣的话题作为切入点，发散客户思维，放松客户心态，聚焦客户注意力；然后再一步步介绍产品，引导客户向自己想要的方向发展；最后让客户点头称是。为什么现在的销售员在商务洽谈时，更青睐咖啡馆、奶茶店，甚至饭店呢？这是因为这些地方相比较传统的商务会议室会更让客户觉得放松，此时客户与销售员交流就如同多年不见的老友叙旧，非常亲切。

如果认真观察便会发现，金牌销售员都始终保持着谦虚有礼的姿态，金牌销售员与人交流，都是谈笑风生，平易近人，这是因为客户在金牌销售员所创造的交流环境中感觉更放松，也就更容易做出最终的购买决策。

第 *9* 章

说买点 6：针对异议，把话说到客户心里去

很多产品并不局限于卖产品，还可以卖服务，卖梦想，卖未来，当客户自认为没有需求时，销售员需要想一想，如何创造客户需求，如何激发客户兴趣，如何将计划说到客户心里去，千万不要因为客户一句"没兴趣"就此放弃。

9.1　客户说："没兴趣，不需要"，你怎么说

【销售场景】

小王是一家银行的工作人员，他所要拜访的客户是一对年近 40 的外企双职工夫妇。小王的任务就是向这对夫妇推荐所在银行的基金。

据小王了解，这对夫妻如今都是外企的中高级管理人员，收入不菲，孩子留学国外，经济实力不凡，资金账户上所显示的存款余额丰厚。所以，小王暗暗下定决心，一定要拿下这一单。

但小王的销售进程并不是一帆风顺的，开门就被客户拒绝，下面是小王的销售场景。

小王："李姐，您好，感谢您百忙之中抽空过来。我是 ×× 银行的业务员小王，今天过来是来给您送财富的，您看 ×× 基金，现在购买您退休后可以翻好几倍呢！"

客户："基金？我不需要。我们公司福利待遇很好，基本养老保险、医疗保险全都配齐了，我们老员工还能从公司领取股份，不买基金我的老年生活也是衣食无忧的。不好意思，我真的没兴趣。"

虽然小王险些吃了闭门羹，但依然很快调整心态，坦然对客户说："您有这么好的工作，真的是令我羡慕，我正是为此向您推荐基金业务。"

客户："为什么？"

小王："您现在事业辉煌、孩子优秀，事业家庭双丰收，让多少人羡慕啊。您希望退休之后，生活品质大打折扣吗？不仅仅是衣食住行，您希望退休之后买一个大件物品，还要麻烦孩子吗？姐妹们约您一起做个上千元的美肤套餐，您去不去？"

客户有些沉默，缓缓地说："那肯定不能麻烦孩子的，老年了也会有自己的兴趣爱好，兴趣爱好也要花钱。"

小王："是的，养老金与职工股份都只能保障自己退休后的基本生活。如果您购买一些基金，你退休后资金会更加充足，您可以用这笔资金尽情做自己想做的事，还不用麻烦孩子，是不是非常棒呢？"

客户："可以，不错。"

小王："您从现在开始缴费，一个月只用缴费 ×× 元，而您退休之后可以领取 ×× 元，并且这是可以管您终身的 。"

客户："有道理，让我再考虑考虑。"

小王第二次拜访客户，就与客户愉快签订了这个大单。

【深入探究】

1. 销售员小王成功的关键因素是什么？

2. 为什么客户会说"没兴趣"？

3. 客户"没兴趣"该怎么办？

【销售分析】

一、销售员小王成功的关键因素是什么？

在上面的销售场景中，客户原本说出了"不需要，没兴趣"想要拒绝的语言，眼看这一单就要黄了，小王是如何扭曲局势，转败为胜的呢？

从销售场景中，我们可见客户"没兴趣"的原因在于客户认为自己没有购买基金的需求。被客户拒绝后，很多销售员都会怏怏而回，而小王是怎么做的呢？

小王并没有放弃，既然客户没有发现自己的需求，那小王就为客户创造需求——用基金保障未来高品质老年生活，不给孩子添麻烦。

实际上，很多产品并不局限于卖产品，还可以卖服务，卖梦想，卖未来，当客户自认为没有需求时，销售员需要想一想，如何创造客户需求，如何激发客户兴趣，千万不要因为客户一句"没兴趣"就此放弃。

所以，小王决胜的关键点就在于懂得为客户创造需求。

二、为什么客户会说"没兴趣"？

如上文中的销售案例，销售员遇到客户说"没兴趣"是常有的事。客户为什么会说"没兴趣，不需要"呢？

1. 真的不需要

比如：客户还在上大学，销售员给客户推荐子女培训课程，那么客户可能真的没有购买需求。

再比如：将 10 万元的沙发卖给月薪 3000 元的底层职工，这也是几乎不可能的。除了在趣味面试中可能碰到，在现实生活中，销售员绞尽脑汁，也拿客户没办法。因为客户是实实在在没有这方面的需求，或者说客户的其他需求远比这个需求紧迫。

2. 找借口，说托词

有的客户碍于面子不会直接拒绝，而会采用比较委婉的方式拒绝，比如对销售员说"没兴趣，不需要"。

客户为什么以"没兴趣"做托词呢，可能因为自我感觉与销售员不熟，缺乏对销售员的信任感；或者已经有长期稳定合作的供应商，与销售员交流是为了解行情；也可能是因为资金不够，预算不足，时间不充足，性价比比较低，想多看几家互相对比一下。

所以，当客户说"没兴趣，不需要"时，销售员不要因此而放弃，应该静下心来寻找出客户"没兴趣"的真实原因，然后根据原因做出相应对策。

三、客户"没兴趣"该怎么办？

具体而言，当客户说"没兴趣，不需要"时，销售员应该怎么办呢？

1. 与客户保持统一立场

如果客户产生明显的抗拒，比如说"没兴趣"，销售员需要稳住心态，在后续交流中，与客户保持同一立场，增强客户的好感度，减少客户的抗拒心理。

在日常的销售工作中，销售员也需要保持稳定的心态，不能一心只想着签单收钱，急于求成反而不能达到销售目标。

2. 掌握说话的主动权

对于销售工作而言，处理问题的最高效方式就是在源头处不让问题产生。所以，当销售员与客户沟通时，销售员需要掌握话语的主动权，主动引导话题走向，而不做被动的答题者。

比如，当销售员与客户谈到深处，客户已经产生购买意向时，销售员就应该做出成交的举动，或者问客户"您是现金支付还是扫码支付？"这么问会转移客户注意力，让客户在现金支付与扫码支付中做抉择，客户选择成交也是水到渠成。

而不要再问："您还有什么不懂的吗？""您还需要考虑一下吗？"这么问会让原本就犹豫不决的客户的购买意志更加摇摆不定，可能一念之间就会选择放弃，让销售员前面所有的努力都付之东流，一切都回到原点。

3. 提问贴合实际，层层推进

俗话说："伸手不打笑脸人。"适当的赞美客户能够让客户心情愉悦，提升客户对销售员的好感度，提升销售成功率。

但任何事情都不能过度，如果销售员赞美五十多岁的客户貌若天仙，比肩西施貂蝉，可能会招至客户反感，令客户觉得销售员不务实际，满嘴跑火车。如果是适当赞美五十多岁的阿姨面色红润、保养好、家庭幸福，那么客户便会心生欢喜，进而支持销售工作的进行。

总之，客户说"没兴趣，不需要"可能大多是推托敷衍之词，销售员不能因此放弃，需要有不怕失败、愈战愈勇的心态。任何一个顶尖级销售员都经历了无数次拒绝，但无数次拒绝里，都潜伏着无限希望，他们正是一次次抓住了危机中的机会，才浴火重生成为顶尖级销售员，与每一个行走在销售路上的人共勉。

92 客户说："我现在很忙，以后再说吧"，你怎么说

【销售场景】

销售员小王就职于一家为其他企业提供跨国服务的公司，小王了解到某公司正有一笔跨国业务要做，小王便致电客户，心想一定不能错过这个机会。销售场景如下。

小王："李总，我是××跨国服务公司的业务员小王，我今天向您致电是想……"

客户："我现在很忙，过段时间你再打给我吧！"

小王："我知道，成功人士总是格外忙碌，忙也是个好事情。您刚刚一定在想耗费几分钟的时间与一个陌生朋友交流是否值得，如果我说的对您无助益，你可以直接挂断我电话！并且我保证，您以后再也不会接到我的电话。"

客户："那你要说什么呢？"

小王："我这边主要是做跨国服务的，我了解到您有一批货物准备远销美国，但目前受政府新颁布的政策以及美国风土人情影响，那批货物目前处于销售停滞状态。"

客户："是的，我急得头发都白了。你有什么办法吗？"

小王："根据最新的政策规定，纽约州限制销售您公司生产的产品，而俄亥俄州并没有限制销售，还有其他几个州也没有限制条例，您是否考虑转运到其他地方？"

客户："这倒是个办法。"

小王："其实要想打响海外市场最关键的还不是这个……"

客户："那是什么？"

小王："这个三言两语说不清楚，我们可以见面详谈吗？"

客户："当然没问题！"

【深入思考】

1. 销售员小王成功交易的关键因素是什么？

2. 为什么客户会说"我很忙，以后再说"？

3. 客户说"我很忙，以后再说"该怎么办？

【销售分析】

一、销售员小王成功的关键因素是什么？

在上面的销售案例中，客户已经说出了"我现在很忙，过段时间你再打给我吧！"的话语，看似已经婉拒，而销售员小王寥寥数语，就让这单生意起死回生，小王是如何做的呢？

首先，小王告知客户自己所占用的这几分钟，绝对能给客户带来很大益处，并且向客户保证如果谈话不能令客户满意，就永远不会再打扰客户，这样做可以打消客户心中的顾虑，提升客户对谈话的重视程度。

其次，小王能一语中的，击中客户痛点，并针对客户痛点给出相应的解决措施，进一步向客户展示了自己业务能力的专业化程度，增强客户的认同感。

最后，在充分吊起客户胃口后，留下悬念，变被动为主动，为下次见面会谈留白，或诱导客户主动联系。

小王能销售成功不是源于某一个因素，而是多措并举、多管齐下，使每一个环节都能击中客户内心，而后步步诱导，逐层深入，最后达成理想的销售目标。

二、为什么客户会说"我很忙，以后再说"？

客户为什么会说："我很忙，以后再说"呢？主要有以下三个原因。

1. 客户不方便接听电话

从理论上来说，无论销售员什么时间段内打过去，客户都有可能处于忙碌之中，不方便接听电话。

所以，销售员只能尽量避免客户忙碌的高峰时间段，比如周一早上九点是公司的晨会时间，下午六点客户可能在开车，这些场合都是极其不方便接听电话的。

如果客户回复"我很忙，不方便接听电话，以后再说"，销售员需要向客户诚挚道歉，让客户看到好态度，然后与客户约定下一次的通话时间。销售员推动销售进程需要步步紧逼，如果一听到客户说"我很忙，不方便，下次再说"就放任自流，真的不管不问，等到猴年马月再想起时联系，那么签单机会也就因此错失了。

2. 客户只是以此为借口

将"我很忙，以后再说"作为婉拒借口的人不在少数，销售员需要注意，即使明知客户将这句话作为借口，也请将它作为一个善意谎言，不要当面直接拆穿，不要让自己站在客户的对立面。

销售员最需要做的事情就是向客户证明，他为交谈所付出的几分钟时间将带来增值回报，让客户从不愿意听，到愿意听。

三、客户说"我很忙，以后再说"该怎么办？

找到原因后，就需要对症下药。当客户说"我很忙，以后再说"时，销售员应该怎么办呢？

1. 巧妙应对

具体而言，销售员可以这样回答。

（1）那真是再好不过，我就是专门为您解决问题的小助手，我只占用您五分钟时间，就能帮助您提高 30% 的工作效率，您看这五分钟还是花得很值，不是吗？

（2）这样啊，那实在是抱歉，您看我什么时间打过来合适呢？是今天下午四点还是明天上午十点半？

（3）我向您保证，这三分钟的时间能带您双倍的财富收获，只要您愿意抽出三分钟。晚上八点钟我再给您打电话，您意下如何？

（4）是的，时间是金，但是花五分钟的时间来解决让您头疼两年的问题，您愿意吗？

（5）确实，时间就是效率，我正好有个想法，能够帮助贵公司提高生产效率。我想请教您一个问题。

2. 尊重客户，礼貌限制洽谈时间

如果客户以"我很忙，以后再说"为借口来推托，销售员仍应与客户保持同一立场，将托词看作一个善意的谎言，看破不说破。

销售员应该根据客户需求，主动限制洽谈时间，让客户感觉被重视、被尊重，客户获得尊重感后，尊重销售员及请求便在情理之中。

比如，销售员可以这样与客户交流。

客户："我现在很忙，以后再说吧！"

销售员："忙碌是精神世界的充实，听到您如此精神的声音，我真是有些不好意思打扰您。三分钟，请您抽出三分钟听我把话讲完好吗？"

3.适当放手，明智离开

如果客户真的在忙一件很重要的大事，不打扰是销售员的专业素养。

此时，销售员需要有菊花的气节，"宁可枝头抱香死，不曾吹落北风中"，宁愿回复"无意打扰您实在是抱歉，那我改天拜访。"尔后潇洒离去；也不要等客户厌烦地说"我说了不要就是不要，你不要再说了。"将事态推到不可挽回的境地。

适当放手，明智离开亦是销售中的一种智慧。既然不能一次成功，那就"曲线救国"。况且销售员告知客户"改天再来拜访"，亦是为下次洽谈做铺垫。销售员离开时，应该保持谦虚有礼的态度，尽量在客户心里多刷好感。否则，销售员的态度令客户生厌，不仅赔了生意，还赔了时间。

比如，下面这位销售员的做法就有欠妥当。

客户："我现在没时间，改天再说吧。"

销售员："李总，只占用您五分钟的时间！"

客户："我现在真的没时间，手头上一大堆文件等我批复，我要抓紧了。"

销售员："您用了我的产品能获得惊人的改变！"

客户："哎呀，没时间了，我手头上的文件不按时批复完，万一有个小漏洞，损失的可是几千万的生意。快走吧，别打扰我了！"

在这个销售场景中，客户已经明确表明现在没时间，手头上有重要任务需要处理，销售员依然不识趣，揪住客户不放，刨根问底，这样的"坚持"只会招致客户厌烦。有时候适当转身是一种优雅从容，更是一种以退为进的智慧。

俗话说"看菜吃饭"，当客户说"我现在没时间，以后再说吧"，销售员还需要结合具体情况，透过种种现象洞察到客户心理，然后对症下药，拿出行之有效的解决方案。

9.3 客户说："我们现在还没有这个需求"，你怎么说

【销售场景】

小王是一家健身房的教练。有一次，小王在一家新开业的大型商场门口发传单，一位提着大包小包的中年女客户过来咨询。

小王："您好，一看您面色红润，神采奕奕，您一定经常运动吧？"

客户："哈哈，是的，我有时围绕着小区跑两圈。你找我有是什么事儿？"

小王："我是××健身房的小王，店里有很多适合您这个年龄的运动器材，您有空来店体验一下。"

客户："不了，我现在还没有这个需求。你也看见了，我身体倍儿棒。"

小王："您的好身材真是令我羡慕，您跑完步会不会感觉小腿酸痛呢？"

客户："会啊。"

小王："这是因为跑步后身体产生了乳酸，如果不做拉伸运动，乳酸堆积会让您的小腿越来越粗。"

客户："你别说，还真的是。以前我老公夸我是纤纤玉腿，现在嫌我腿是粗萝卜。"

小王："您别担心，这些堆积起来的肌肉是有办法消除的，我们店里的健身教练会教您一套放松运动，并通过适当的拍打与拉伸帮助您重新找回大长腿。"

客户："真的吗？这可治好了我的心头病！"

小王："放心吧，我们是专业的健身教练。如果您身体有什么不舒服的，比如腰酸背痛，颈椎不舒服，或者手臂无力，我们都可以为您提供最专业的健身指导。我们健身房就在旁边，我们一起去看看吧！"

客户："好啊，我家老头子天天坐办公室，总说颈椎不舒服，改天我也把他叫来一起练一练。"

到达健身房后，小王为客户提供了专业周全的训练指导。

小王："您感觉怎么样？"

客户："感觉小腿放松，走起路来都轻盈了许多。"

小王："放松训练需要坚持哟，我们的店里现在正在做活动，一年998 元，两年 1588 元。您是办一年的，还是两年的？"

客户："这么贵啊！"

小王："千金难买健康，大部分人四五十岁都是很健康的，但到了六七十岁，病说来就来了。我们村里一个大娘在 ICU 病室，一天的医疗费都是 2000 元，她儿子一个月才挣 3000 元，一家人过得真是苦。"

客户皱起了眉头，若有所思。

客户："花了这多钱，自己身体受苦，还拖累了孩子。"

小王："是啊，人若是有了病，1000 元在医院还不够花一天，您现在养好身体，做好锻炼，您 100 岁了还能精神抖擞，大病不侵，您健康的身体才是存给儿女最大的财富。"

客户："是的。"

小王："现在正是雾霾笼罩季节，也不太适合在户外跑步。而且您看啊，一年期的卡998元，一天还不到3元。您再看看我们健身场馆的器材，场馆都是新装备，还有我们的教练团队，屡获大奖，由我们做您健康美丽的小助手，您放心吗？"

客户："当然放心啦！"

小王："刷卡还是现金？"

客户："刷卡。"

小王："谢谢，您充值本次课程可以获得五张体验券，您可以送给他人使用，比如您的爱人。我们这里也有专门针对颈椎的放松运动。"

客户："好的，谢谢。"

【深入探究】

1. 销售员小王成功交易的关键因素是什么？

2. 销售员小王是怎么取得成功的？

3. 当客户说"没需求"，销售员应该怎么办？

【销售分析】

一、销售员小王是怎么取得成功的？

在上面的案例中，客户原本没有办卡的意向，但是在销售员小王的步步引导之下，认为自己非常需要办一张健身卡，让销售过程出现"神转折"。那么，小王是怎么做的呢？

一是掌握说话主导权，深度挖掘客户需求。在销售场景中，客户以

"喜欢户外跑步，不需要健身"为由，拒绝了小王的健身体验邀请。小王作为一名专业的健身教练，用自己的专业知识指出客户潜在需求。比如：放松及拉伸锻炼可以令小腿变细，强健体魄就是为老年存贮财富，在雾霾季节，健身房里的空气会更加清新。二是语言诱导，将话说到客户心里去，将"没需求"转变为有需求。三是结合专业知识。在销售场景中，小王的成功与其扎实的专业知识密不可分。有些知识点客户一知半解，但在销售员的详细解说之下，客户会觉得受益匪浅，从而增强对销售员的信任感，推动销售进程。

二、当客户说"没需求"，销售员应该怎么办？

那么，销售员应该如何刺激客户需求呢？

1.掌握说话主动权

掌握说话主动权的目的就在于提问。所以，销售员与客户交流时，少以句号结尾，多以问号结尾，这样才能慢慢掌握说话主动权，主导局面，将两个人的交流主题向自己的方向引。

2.制造问题

销售员拿一张纸，将客户经常提到的问题，整理出来写在上面。

比如，产品是什么品牌，请谁做的代言人？

你们公司是否靠谱？

销售员是否值得信赖？

产品多少钱？性价比高不高？

是否有同类品可以替代？

产品质量如何？

产品风格是最潮流的吗？

这样，当客户提问时，就能做到有备无患。

9.4 客户说："改天再来"，你怎么说

【销售场景】

小王是一家医疗器械公司的业务人员，昨天小王致电某医疗机构的采购负责人，与其约好今天上午见面会谈采购事宜。

但是小王在今天早上接到采购负责人的来电，被告知"今天上午有事，改天再来！"

原本满怀信心的小王，接到这个电话后，如同被泼了一盆冷水，一时间不知道该怎么办，最后无奈放弃了这个客户。

【深入分析】

1. 为什么销售员小王会失败？

2. 为什么客户会说"改天再来"？

3. 客户说"改天再来"该怎么办？

【销售分析】

一、为什么销售员小王会失败？

在网点销售与电话销售中，客户说"改天再来"是很常见的事。

从字面意思上来看，"改天再来"是过几天再来，但在实际销售中，经验丰富的销售会认为当客户说出"改天再来"的话语，是再也不会来了。所以，很多经验丰富的销售员一听见"改天再来"就简单打个圆场，然后快快打道回府了。

事实果真如此吗？实际上销售员谈虎色变，听见"改天再来"就放弃客户实在太过于草率。毕竟客户都没有将话说死，尚且留有一丝生机，作为销售员怎么能先放弃客户呢？俗话说"好事多磨"，在客户尚未完全回绝时，说明这单生意还是有挽回机会的。

尤其像销售情景中的小王，为见面会谈做了充足的准备，若洽谈尚未走向绝境，就此放弃岂不可惜？这便意味着之前所有付出都化为乌有了。

所以，销售场景中小王的失败主要源于心态不稳，过早放弃。

如果销售员小王坚持一下，加一把火，或许就能在"山穷水尽疑无路"后，看见"柳暗花明又一村"呢？请记住挫折往往是转折，危机往往是转机。

二、为什么客户会说"改天再来"？

客户为什么会说"改天再来"？客户是出于什么心理说出这句话的？主要出于以下三个原因。

1.客户确有要事，需要改天洽谈

怎么判断客户是否属于这一类？如果是电话告知，可以从两方面判断，一是语言内容。如果确有要事，客户一般会明确告知是什么重要的事情耽误了洽谈，而不得不将洽谈延后。然后会与销售员协商将洽谈时间延期到具体某一天，好让销售员提前准备。

二是语音语调，如果确有要事，客户的语速会比较快，比较急促，毕竟还有要事等着他去处理；客户说明原因时，声音会听起来很平稳坦然，不会给人慌张逃避的感觉。

2.客户有购买意愿，但认为价格还有待商榷

这一类才是最常见的，客户为什么要这么说？是想通过这句话向销售员施压。客户说这句话的目的是想告诉销售员："主动权掌握在我手里，快释放更有利的条件，开出最优惠的价码，不然，我就要货比三家，去别家了！"

在这一类情境中，客户说"改天再来"明显不是拒绝，而是试探。客户会很期待说出这句话后销售员的反应。比如销售员能不能再次在价格上做出退步？能不能送出更有分量的赠品？如果销售员的反应能令客户满意，就能一锤定音；如果销售员依然"吝啬"，客户便会绝然离去。

3.客户无购买意愿，推托之词

有的客户与销售员洽谈许久后，心里已经放弃了购买意愿。但考虑到销售员为自己服务许久，情面上不好直接拒绝，便以"改天再来"作为托词，希望销售员能听懂弦外之音，给彼此一个台阶下。

在这一类情境中，客户大多心有内疚。在说出"改天再来"时，还会顺带说出许多赞美之言，比如专业性强，服务态度好，以求心安。

针对这一情况，即使销售员已经明了此单难成，也不要赤裸裸说出"那您去忙吧！我们改天再约。"这样如同销售员催促客户挂断电话。

只有客户不是拔腿就走，或者直接挂断电话，就说明还有一线生机，销售员或击痛点，或利诱，都要尝试挽回。

三、客户说"改天再来"该怎么办？

当客户说"改天再来"时，销售员应该怎么办呢？

1.主动为客户提供资料

如果是线下销售，销售员可以说："您稍等一下，我为您拿些资料，

您抽空还能看一看。"

当销售员转身去拿资料后，如果客户依然驻足停留，等待销售员的资料，说明还有挽回余地。

2. 留名片给客户或添加客户的联系方式

销售员向客户递交资料时，可以顺带说："这些资料您有空可以看一看，如果有什么不清楚的，您可以问我。这是我的名片。"

当客户接过名片后，销售员需要进一步引导，让客户留下联系方式。销售员可以说："商品价格可能会随着行情有所波动，每逢重大节假日，优惠力度不小。我们加个微信吧，我好告诉您最新活动。"

如果客户留下了联系方式，那便是再好不过了。也有一部分机智的客户会顺藤摸瓜，直击销售员要害："不了，我以后忙得很，不如今天就把价格讲到位。"客户与销售员洽谈的过程中，不仅是销售员在引导，双方互相博弈也不少，销售员能不能在释放福利的同时保住自身收益，是对销售员的一项大考量。

3. 核查产品

当客户犹豫不决时，销售员可以借核查产品之名，暗示客户抓紧时间购买。

比如，销售员说："我帮您看看这款产品，仓库里是否还有？"这一句话就能激发客户危机感。

核查之后，销售员可以告诉客户："您运气真好，您喜欢的白色款还有一个，绿色和粉色的都已经售罄了！"进一步暗示客户，不要再纠结价格，过了这村就没这店了！

4. 反省

话已至此，如果客户还是没有想走的意思，依然与销售员交流，那么销售员可以尝试自我反省一下，比如下面的例子。

"我们工作还有哪些没有做到位，请您指导一下。"

"我之前是 ×× 区域的销售冠军，刚刚调到这个区，接待工作可能有一些不到位，我这个人也比直，没什么套路，请您见谅。"

销售员主动放低姿态，承认自己在某个环节可能出现疏漏，可以有效防止沟通接待工作不足，而导致的客户心情不悦。

说完这些话，如果客户仍然坚持要走，或者说礼貌性回应："都挺好的，麻烦你了。"这样的客户，十头牛也难拉回来了。

如果客户开始"指点江山，激扬文字"，说出销售沟通中的种种不足，这实际上是一个好意向。当客户倾吐心中的不悦后，负面情绪都释放出来了，交易反而容易出现转机。

面对客户的点评，销售员需要及时送上"贴心话"："您真是火眼金睛，指出了我的不足，才让我知道前进的方向。你是我永远的老师，看到了我自己过往都看不到的问题，我的工作的确存在很多不足，今后一定会努力提升的！"

总之，如果客户说"改天再来"，说明这单生意还存有一线生机。销售员一定不要过早放弃，需要稳住心态，循循善诱，将上述努力都做出后，可能蓦然回首，那人却在灯火阑珊处。销售员要记住，机会都是争取来的，爱拼才会赢！

第*10*章

说买点 7：逆鳞莫触，这些话，千万不要说

销售员行走于江湖，依靠的就是察言观色的本领。销售员与客户沟通时，一旦发现客户微表情里有丝毫不悦，就要立刻悬崖勒马，反思自己是不是哪句话说错了，然后调整说话战略，积极寻找新的突破口。

10.1 "怎么可能……"，会让客户感觉你在驳斥他

【销售场景】

销售员小王前去某公司推销一款产品，之前有过一次商务洽谈，局势不错，对于这次商务洽谈，小王也是信心满满。销售场景如下。

小王："这款产品采用了国际领先技术，在国内是首屈一指的。"

客户："产品不错，还有什么优点？"

小王："我们这款产品的知名度很高，聘请了国际著名影星章子怡做代言人。"

客户："我家里正在使用的产品，是聘请的前美国总统奥巴马做代言人。"

小王："怎么可能？"

客户："怎么不可能？"

小王："美国总统怎么可能做中国产品的代言人呢？"

客户："咳咳……算了，这产品我不想要了。"

【深入思考】

1. 客户为什么突然不想要了？

2. 还有哪些销售雷坑要避免？

【销售分析】

一、客户为什么突然不想要了？

在销售场景中，客户对产品很有意向，距离下单购买产品只差临门一脚，却因为销售员的一句话，让客户打消了购买念头。是怎样的一句话如此具有杀伤力呢？

这句话就是："怎么可能？"对于销售员而言，这句话是无意识间发出的感叹；对于客户而言，这句话听起来像粗鲁的驳斥。如果销售员不慎说出这句话，极有可能引起客户不满，并让客户难下台面，最终在客户心中留下情商低、不会说话的负面印象。

所以，销售员在推销过程中，需要保持谦虚低调的姿态，不要流露出半点盛气凌人的神情。即使遇到常识错误的情况，也要懂得巧妙应对，机智处理，而不是将局面推向更加尴尬的境地。

二、还有哪些销售雷坑要避免？

从上面的销售场景中可以看出，销售的过程如同棋场博弈，可能一着不慎，就满盘皆输。

除了"怎么可能"这句话，销售员应避免使用外，这两句话同样是雷区。

1. 不要说"今天不买，明天就没了"

客户说"我今天不着急买，我过两天再来买"，这样的话语在销售场景中早已屡见不鲜。

客户说出这句话后，会有无数个问题在销售员脑海里浮现：客户想借这句话表达什么？客户是否有购买意向？我应该如何应对？

下面是销售员的应对指南。

√买不买没关系，喜欢就试一试，我来为您介绍一下产品信息，您下次购买就能做到心中有数。

√没关系，那您就过两天再来看，您喜欢精装修还是简装修呢？

下面是销售员需要避开的雷区。

× 今天不买，明天就没有了。

× 早晚要买，不如今天买。

客户说"我今天先不买，明天再来买"，客户说这句话，一般是心中有担忧。销售员需要做的事情就是为客户答疑解惑，消除心中担忧，而后客户才能心满意足买下产品。

上面两种错误的应对方式中，销售员的回答都有些一厢情愿，不仅没有吸引力，还会让客户滋生不想强迫交易的逆反心理，更无从谈起引发客户共鸣了。

销售员需要找到客户犹豫不决的真实原因，步步为营，逐一攻破心中疑虑，加以正确引导，才能让客户回心转意。

2. 我先转转再来买

客户说"我先转转再来买"，是很多客户与销售员谈判的必杀技。

客户说"我先转转再来买"，是出于什么原因呢？可能客户没有中意的商品，可能客户想以此作为谈判筹码，进一步压低价格。一般而言，客户说出这句话，能够有效扭转谈判局面，将谈判主动权掌握在自己手中。

那么，当客户说出"我先转转再来买"时，销售员应该如何应对呢？

下面是销售员的应对指南。

√ 客户："我先转转再来买。"

销售员："先生，是不是我的服务存在疏漏？"

客户："不是，是你们产品价格太贵了！"

销售员："先生，您中意哪款商品？您碰到一件自己喜欢的商品是缘分，我发展一个客户也是缘分。你有什么要求，告诉我，我会给您一个满意的解决方案。"

销售员一边挽留，一边将客户带到客户中意的商品柜台。

下面是销售员需要避开的雷区。

× 无论你转到哪家，都是一个价。

× 你是不是诚心想买，你要是诚心买，我给你再降点价。

这两句话中，销售员没有深挖客户需求，客户再转转的理由是多种多样的，如果客户不是因为价格问题再转转，销售员无论怎么降价让利都是徒劳。

10.2 "你懂吗"，会让客户觉得你在强迫推销

【销售场景】

销售员小王听闻一家网络公司新成立，有采购大批量主机的需求，于是小王预约了采购经理，洽谈场景如下。

客户："我们想要采购一批游戏型主机。"

小王："我们公司就是专注于做游戏主机，我们公司生产的主机，无论是 CPU、显卡、硬盘、主板、内存还是电源，都是国内领先水平，保证玩游戏不卡，不掉队。"

客户："那不错，正是我们想要的，具体功能说来听听。"

小王："显卡是 GeForce GTX1060 5GD5，主板是 B360M 高规格主板，非常优质，硬盘采用的 240G NVME 高速 SSD，内存是 DDR4 2666 8G 高频高速内存，电源大功率，稳定性极强，是游戏主机的不二选择。我说的你听懂了吗？"

客户："嗯，我知道。主机的处理器怎么样呢？"

小王："处理器都是优先级的。我为您推荐的这台主机采用的是酷睿 i7-8700 六核十二线程处理器，制程 14 nm，睿频约 4.6 GHz，12 MB 三级缓存，您听懂了吗？ 这一款处理器的性能非常好，玩游戏很畅快。"

客户："好了，我知道了。过几天我再联系你吧！"

客户脸上似乎没有起初的兴致了，转而一脸不耐烦，简单敷衍几句，结束了这次洽谈。

【深入思考】

1. 客户为什么越听越不耐烦？
2. 还有哪些销售雷坑要避免？

【销售分析】

一、客户为什么越听越不耐烦？

在销售场景里，客户的购买需求十分强烈，迫不及待地想与销售员交流，为什么销售员最终还是将交易搞砸了呢？

这只是因为销售员一句不恰当的话——你懂吗？

换位思考一下，如果我们是客户，被销售员频频提问"你懂吗？"会是什么心理？会不会觉得说出这句话的销售员特别强势，自己特别弱势，自己的感受以及尊严完全不被顾及，总而言之，就是让人感觉不舒服。

如果销售员频频向客户提起"你懂吗？"客户同样会心生厌烦。

很多销售员说"你懂吗？"的初衷是担心客户没有理解自己所述的意思，是为了提升交流效率，避免交流误区才说这句话。殊不知，这句话的杀伤力却不小。这句话拂了客户面子，又不能收获理想效果。毕竟，不少客户为了保全面子无论是否听懂都会回答"听懂了"。这样就会造成客户信息吸收不完全，产品了解不全面，客户的购买意愿不能完全被激发。

同样的销售场景，换作"我讲清楚了吗？我是不是讲得太快了，还有哪些地方需要我细致讲解吗？"这样岂不是更好。

二、还有哪些销售雷坑要避免？

除了"你懂吗？"这句话，销售员应避免使用外，这两句话同样是雷区。

1.这已经是最低价了

讨价还价是销售中的重要一环，在整个销售过程中，起码有30%的内容在围绕讨价还价进行。讨价还价是客户与销售员之间的博弈，销售员应该如何守住自身筹码呢？

很多客户喜欢用"咱不多说，你就说多少钱能卖吧？"来试探销售员，摸底最低销售价格。

这时，销售员应该怎么回答呢？

√客户："咱不多说，你就说多少钱能卖吧。"

销售员："先生，千金难买您喜欢，价格不是最重要，您喜欢才是最重要的。您已经喜欢这辆车子两年了，您听我简单讲解一下只需要两分钟，两分钟之后您再做决定也不迟。如果其他销售员三言两语就将您打发了，您使用产品时一头雾水，使用后发现不合适，他们还会给您退款吗？"

同时，销售员需要避免下面两个雷区。

× 这辆车子最多还能少两千，不能再少了。

× 这已经是最低价了。

在讨价还价环节，如果客户大力度砍价，销售员不妨试着转移话题，引导客户将目光放在产品价值上，销售员应尽量避免过度聚焦于价格。

2.抽奖促销不是人人都有机会

为了吸引客流量，很多厂家会举办各式各样的促销活动，促销场景中的沟通问题同样值得注意。

促销场景中，销售员可以这样与客户沟通。

√销售员："先生，您是通过什么渠道得知我们这两天做活动的？"

客户："我在新闻上看到的。"

销售员："那您看中了哪件商品呢？"

客户："我看中了一款剃须刀。"

销售员："您是自己用还是送人呢？"

客户："我打算送给爸爸，他脸上长满了络腮胡。"

销售员："原来是送给爸爸的，真是个有孝心的孩子。但我很负责地告诉您，您手上的这款剃须刀并不适合清理络腮胡。如果商场里的某件商品打折促销很诱人，但是对您的生活没有实际作用，您还需要吗？"

客户："不需要吧。"

销售员："您看我手上的这款剃须刀，才是最适合您父亲的。"

销售员应该避免这样回答的雷区。

×抽奖促销活动，哪能人人都有机会。

×促销产品当然没有原价产品好，一分钱一分货嘛。

×（沉默不语）

这样的回答，虽然真实，但不能触动客户心灵，更无法让客户转移注意力，去购买合适的产品。销售员消极应对，也是销售过程中的一大禁忌。

10.3 "这都是为了你好"，会让客户觉得你是在贬低他

【销售场景】

销售员："李总，我们公司举办了一场促销活动。有很多大牌家电参与促销，邀请您月底参与促销活动。"

客户："谢谢，我们公司的电器设施都很齐全，暂时不需要。"

销售员："千载难逢的促销活动，折扣力度非常大，您可以买了存储起来下次用呀。"

客户："我真的不需要，我现在买了，可能过一段时间就过期了，或者过时了，那时候我也用不上。"

销售员："我是在帮您省钱，我还不是为您好。"

客户怔住了，一时语塞，不知道该说什么好。

【深入思考】

1. 客户为什么会怔住了？

2. 销售员应该如何与客户沟通？

【销售分析】

一、客户为什么怔住了？

销售场景里，客户没有购买产品的需求。如果销售员想销售产品，就需要帮助客户找到潜在需求，让客户觉得"我确实有购买这件产品的需要"。基于这个基础，销售员再向客户介绍优惠活动，客户才会心满意足买下产品。

但在销售场景里，销售员遗漏了关键一步，即激发客户需求。由于关键步骤的遗漏，销售场景非常尴尬。

即使如此，销售员没有尝试化解尴尬，反而脱口而出更不合适的语言——"这都是为了你好"。

很多销售员对于这句话并不陌生，甚至部分销售员将其作为口头禅。销售员说这句话的初心的确是在为客户考虑，但俗话说"说者无心，听者有意"，这句话传到对方耳中，可能完全变了味儿。

客户听到这句话会是什么感受呢？可能客户不会心生感激，反而会觉得不舒服，认为销售员在贬低自己。在客户看来，销售员又不是自己肚子里的蛔虫，怎么可能比自己更了解自己呢？

实际上，每一位客户都懂得为自己盘点打算，亦有做出购买选择权的能力。当销售员脱口而出"这都是为了你好"，这句话好像在质疑客户做决策的能力，客户自然会心中不悦。

所以，当销售员说出"这都是为了你好"之语，客户为什么会怔住就不言而喻了。

二、销售员应该如何与客户沟通？

那么，销售员应该如何与客户沟通呢？沟通时，需要把握下面两个"潜规则"。

1.懂得察言观色, 灵活说话

说话是一门永恒的艺术, 尤其对于销售员而言, 是需要精心雕琢的看家本领。

销售员行走于江湖, 依靠的就是察言观色的本领。销售员与客户沟通时, 一旦发现客户微表情里有丝毫不悦, 就要立刻悬崖勒马, 反思自己是不是哪句话说错了, 然后调整说话战略, 积极寻找新的突破口。

销售员说话切忌不可"过嘴瘾, 乱放炮"。俗话说"祸从口出", 说者无心, 听者有意, 可能不经意间的一句话就得罪客户而不自知。这样伤害了客户的尊严与面子, 还让已经树立起来的客户关系遭到破坏, 甚至个人声誉受到连带影响。

2.说话有分寸

销售员想要提升客户的沟通效率, 需要把握说话的火候。

说话如同做菜, 火候很重要, 火候不够, 菜炒不熟; 火候过猛, 菜会炒煳。

销售员说话也是如此, 该说的话要说到位, 不能遗漏半点重要信息; 不该说的话, 要做到守口如瓶。如此, 才算做到说话有分寸。

比如, 在商业洽谈中, 销售员需要将产品信息尽可能详细地告知客户, 让客户做到心中有数; 而"这都是为了你好"这样的销售之语应避免, 以免让客户不悦, 订单丢失。

10.4 "无解"的问题不要拿出来问顾客

【销售场景】

在某市 CBD 中心，一家 4S 店正在举办汽车展，周围不少人前来围观。

销售员："我们这款车是当今市场上首屈一指的越野车，你可以驾着它，去西藏追寻梦想。"

客户："这真是太棒了！我要驾着它，去西藏寻找生命的意义。"

销售员："那你认为生命的意义是什么？"

客户："这个……我不知道，每个人都有自己的看法。那你认为生命的意义是什么？"

销售员："这样问题……就像是先有鸡，还是先有蛋，这个问题一样，是无解的。"

客户："所以，你的答案是？"

销售员："我也不知道。"

客户："那你问我这个问题干吗？逗我玩儿吗？"

【深入思考】

1. 为什么销售员与客户的聊天非常尴尬？

2. 销售员应该如何与客户交流？

【销售分析】

一、为什么销售员与客户的聊天非常尴尬？

在销售场景里，为什么销售员与客户的聊天越来越尴尬？

在销售场景里，我们可以看出，原本销售员与客户的聊天很愉悦，双方一起畅想未来美好生活，这是一个很好的苗头。

为什么这点好苗头熄灭了呢？因为销售员问了一个"无解"的问题，就像一盆冷水，浇灭了星星点点的火苗。

这个"无解"的问题是销售过程中的转折点，最终导致整个销售活动折戟沉舟。

销售员问客户"生命的意义是什么"，对于这个问题，一千个客户心中会有一千种解读方式。有的客户对于生命意义颇有感悟，可以与销售员畅谈三天三夜；有的客户对于这个问题无从谈起，当客户反问销售员，销售员也难以给出具体的答案。

无论客户做出哪一种反应，对于整个销售进程而言，都不是一个好的导向结果。感悟颇深的客户可能会由此转移注意力，将谈论的重点由销售活动转移到探究无解问题上来；而答不上来的客户，因销售员也难以给出一个满意的答案，会认为销售员在故意挑逗、欺骗自己。

所以销售员与客户交谈时，尽量避免这类无解的问题。

如果是客户主动询问销售员"无解"问题，又该怎么办呢？

扩展专业知识，深化销售技能，将每一件产品特征都做到了如指掌，是销售员以不变应万变的根本之策。

如果客户所问的无解问题与销售活动相去甚远，销售员应该循循善诱，步步为营，将客户的注意力拉回到销售活动之中；如果客户所问的无解问题紧贴销售活动，那么销售员的专业知识就可以派上用场，一一为客户答疑解惑。

除此以外，销售员应该尽量避免回答"不清楚、不知道"。如果销售员自己都一问三不知时，客户如何相信产品？如何相信自己从销售员那里所了解的产品信息是真实准确的？

所以销售员在平时就需要夯实基本功，遇到销售活动中的难点问题，销售员需要请教经验丰富的同事，绝不能自己胡编乱造敷衍客户。一旦客户发觉销售员信息造假，交易必然会失败。

二、销售员应该如何与客户交流？

那么，销售员应该如何与客户交流呢？具体而言，应该把握好以下两个方面。

1. 顺应客户，莫触逆鳞

什么是逆鳞呢？在中国古代，人们把龙咽喉以下一寸的部位称之为逆鳞。无论是谁，出于什么目的，有意或是无意，只要触碰到龙这一地方，都会将龙激怒，最后被龙杀死。

实际上，我们每一个人身上都有逆鳞存在。即使是那些看起来极度包容和善的人，不为人察觉的地方也存在着逆鳞，而逆鳞就是客户心中不容碰触的痛处，是人性的缺失点，亦是内心偏安一隅的自卑感。

销售员与客户交谈时，一定要小心避开客户身上的逆鳞，说话办事做到谨小慎微，这样才能避免不必要的麻烦。销售员与客户交谈时，要坚持时刻以客户为中心，投其所好，迎其心意的"潜规则"。

2. 销售员不与客户争论

如果销售员与客户争论，无论最后的争论结果是输是赢，销售员一定是输家。

那么，销售员如何避免这一输局呢？最好的解决方法就是避开争论。

争论并不能争出高低，只会让争执双方更加确信自己的立场，而不必要的争论不仅会祸从口出，得罪不必要的人，惹上不必要的麻烦，还会平白浪费自己的宝贵时间，如此实在得不偿失。